어린이 따라 쓰기 시리즈3

유래를 알면 재미있는 고사성어 따라쓰기

지은이 장은주, 김정희
펴낸이 정규도
펴낸곳 (주)다락원

초판 1쇄 발행 2015년 7월 31일
2쇄 발행 2019년 3월 11일

책임편집 최운선

디자인 하태호, 이승현

다락원 경기도 파주시 문발로 211
내용문의: (02)736-2031 내선 550
구입문의: (02)736-2031 내선 250~252
Fax: (02)732-2037
출판등록 1977년 9월 16일 제406-2008-000007호

정가 9,000원

ISBN 978-89-277-4633-1 64710
978-89-277-4627-0 64080(set)

http://www.darakwon.co.kr
다락원 홈페이지를 통해 인터넷 주문을 하시면 자세한 정보와 함께 다양한 혜택
을 받으실 수 있습니다.

유래를 알면 재미있는 고사성어 따라쓰기

장은주, 김정희 지음

다락원

"고사성어의 뜻을 제대로 알고 쓰면
언어생활은 그만큼 풍부하고 풍요로워집니다."

6학년 국어교과서의 '비유적 표현' 단원에서는 '어부지리'에 얽힌 이야기가 자세히 소개되어 있습니다. 이 수업을 시작할 때 당연히 아이들이 '어부지리'의 뜻을 알고 있을 것으로 생각하였지요. 그도 그럴 것이 그즈음에 아이들이 굉장히 좋아하는 TV 프로그램에서 탈퇴한 멤버의 빈자리를 채우는 경합을 진행하고 있었는데, 여러 후보자 중 가장 유력했던 스타들이 개인적인 문제 때문에 포기 선언을 해 버렸거든요. 그 바람에 별로 기대하지 않았던 후보가 어부지리로 프로그램에 합류하게 되었다고 아이들이 즐겨보는 인터넷 뉴스에 연일 기사가 뜨고 있었어요. 그러한 상황을 지켜보고 있었던 차에 그 며칠간 매일 접하다시피 한 '어부지리'라는 말을 당연히 알고 있을 것으로 생각했었던 것입니다.
그런데 교과서를 다 읽고 난 그제 서야
"아~ 이게 이런 뜻이었어요?" 하는 아이들을 보고 좀 당황스러워 물었습니다.
"그럼 며칠 동안 너희가 '어부지리로 ○○○이 멤버가 됐어'라고 말할 땐 그게 무슨 뜻인지 모르고 한 말이었니?"
아이들의 대답은 그렇다는 것이었습니다. 모르는 표현이 있을 땐 그냥 모르는 채로 넘어간다는 것이었어요.

아이들에게 고사성어의 뜻을 한번 제대로 짚어주는 일은 꼭 필요한 일이라고 생각합니다. 고사성어를 잘 알지 못하면 상대방이 전달하려는 비유적 표현을 제대로 이해하지 못하기 때문이지요.

고사성어에는 옛사람들의 삶과 경험에서 우러난 지혜와 교훈이 가득 담겨있습니다. 그런데 고사성어의 대부분은 중국의 옛일에서 유래되었기 때문에 어느 시대쯤의 어떤 이야기를 하고 있는지 그저 나와 상관없는 다른 나라 이야기쯤으로 흘려보기 쉽지요.
그래서 이 책에서는 간단하게나마 중국의 역사 안에서 어느 시대쯤에 왜 그런 이야기들이 있었는지 살펴볼 수 있도록 구성하였습니다.

고사성어의 유래를 읽고, 한자 쓰기를 통해 뜻을 제대로 파악한다면 아이들의 언어생활은 그만큼 풍부하고 풍요로워질 것입니다.

지은이 장은주, 김정희

이렇게 활용하세요.

중국 역사를 한눈에 볼 수 있고,
앞으로 나올 고사성어가 언제쯤의
이야기인지 알 수 있습니다.

고사성어가 유래된
이야기를 읽고, 어떤 한자로
이루어졌는지 살펴봅니다.

쓰는 순서를 참고하여 바른 모양으로 따라
쓰고, 뜻도 따라 씁니다. 활용 문장을 통해
실생활에서 활용되는 예를 알아봅니다.

풍선을 많이 모아
꼭! 하늘을 날거야~
우공이산의 자세로
반드시~

차례

하·은·주나라 때의 고사성어

춘추 시대 때의 고사성어

전국 시대 때의 고사성어

내가 먹는 게
버섯이라고?
지록위마가
따로 없네

저런 억지~

내가 좋아하는
버섯이야

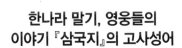

멍이, 꿀이와
나는 죽마고우

내 미모의
화룡점정은 바로
동그란 점~

하, 은, 주나라
고사성어

중국은 먼 옛날, 8명의 임금이 차례로 세상을 다스렸다는 전설이 있는데

그 임금들을 '3황 5제'라 부른답니다.

'3황 5제' 시대를 거쳐 '하'라는 중국 최초의 국가가 황하 유역에 세워졌어요.

은나라와 주나라가 그 뒤를 이었답니다.

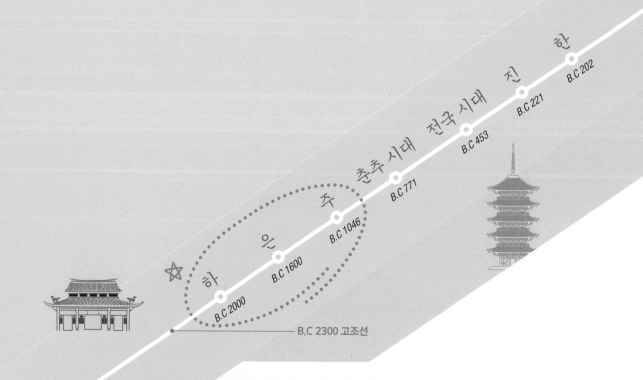

때의

삼국 시대(위·촉·오)
A.D 220

B.C 18 백제
B.C 37 고구려
B.C 57 신라

진
265

5호16국
316

남북조 시대
439

수
589

당
618

송
960

676 신라 삼국 통일
698 발해 건국
900 후백제
901 후고구려
918 고려

원
1271

명
1368

1392 조선

청
1644

✡ 하, 은, 주나라에서 유래된
고사성어는 아주 오래된
옛날이야기에요.

기 杞 우 憂

기나라 杞 사람의 걱정 憂

풀이 쓸데없는 근심이나 걱정

천천히 읽어 봐요

유래를 알면 더 재미있는 고사성어

중국 주 왕조 시대의 기나라에는 쓸데없는 걱정을 하는 사람이 있었어요. 그는 하늘이 무너지면 어디로 숨어야 할지를 걱정하느라 잠도 못 자고 밥도 먹지 못했답니다. 이를 딱하게 여긴 한 친구가 그를 찾아와 하늘은 절대 무너지지 않는다고 말했어요. 그러자 이번엔 해와 달과 별이 떨어지면 어쩌나 하고 또 걱정하기 시작했답니다. 그래서 이번에는 이렇게 말해주었지요. "해와 달과 별도 기운이 쌓여 있는 속에 있는 것이라 만약 떨어지더라도 사람에게는 피해가 없을 것이니 쓸데없는 걱정일랑 집어치우시오." 그러자 이번에는 땅이 무너질까 또 걱정하는 것이 아니겠어요? 그 모습을 본 친구는 땅도 기운이 뭉쳐 이루어진 것이라 무너지는 것을 걱정할 필요가 없다고 말해주었답니다. 그제야 기나라의 걱정 많은 사람은 걱정을 멈추고 크게 기뻐하였어요.

어떤 한자가 쓰였을까요?

杞

기나라 **기**

憂

근심 **우**

따라 쓰며 익혀요

또박또박
따라 써요!

杞憂 기우

杞	憂	杞	憂	기	우	기	우
杞	憂	杞	憂	기	우	기	우

뜻 쓰기

쓸데없는 근심이나 걱정

이럴 때~
기杞우憂

똑똑한
나 처럼~

'선생님께 야단맞으면 어쩌지?' 라는 불안은 쓸데없는 **기우**였다.
선생님께서는 혼내지 않으시고 다정하게 말씀해 주셨다.

우愚공公이移산山

우공愚公이 산山을 옮겼다移
풀이 끊임없이 노력하면 반드시 뜻을 이룬다.

천천히 읽어 봐요

유래를 알면 더 재미있는 고사성어

옛날 북산에 아흔 살이 넘은 우공이 살고 있었어요. 그런데 우공의 집 앞을 태항산과 왕옥산이 가로막고 있어서 생활하기가 무척 불편했지요. 어느 날 우공은 가족들을 모아 놓고 태항산과 왕옥산을 옮기자고 말했어요.

가족들은 걱정하며 반대했지만, 다음날부터 우공은 산에 있는 흙과 돌을 옮기기 시작했어요. 가족들은 모두 산을 옮기는 일을 도왔답니다.

이것을 본 이웃 사람들이 우공을 비웃자 우공은 대답했지요.

"내가 죽으면 내 아들과 손자들이 뒤를 이어 산을 옮길 텐데 무엇이 걱정이오?"

그 말을 들은 산신령이 너무 놀라고 감동해서 두 아들을 내려보내 산을 하나씩 짊어지고 옮기도록 하였답니다.

어떤 한자가 쓰였을까요?

愚
어리석을 우

公
공평할 공

移
옮길 이

山
산 산

따라 쓰며 익혀요

또박또박
따라 써요!

愚公移山 우공이산

愚	公	移	山		우	공	이	산
愚	公	移	山		우	공	이	산

뜻 쓰기

끊임없이 노력하면 반드시 뜻을 이룬다.

똑똑한
나 처럼~

이럴 때~
우愚공公이移산山

우공이산의 마음가짐으로 포기하지 않고
외국어를 공부한다면 언젠가는 원어민처럼 말할 수 있을 거야!

13

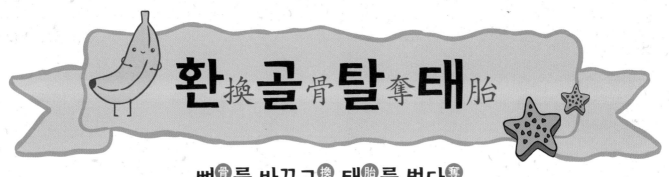

환換골骨탈奪태胎

뼈骨를 바꾸고換 태胎를 벗다奪
풀이 새롭게 다시 태어난 것처럼 몰라볼 만큼 변함

유래를 알면 더 재미있는 고사성어

주나라 영왕의 아들인 왕자 교는 백성들을 위해 바른 소리를 잘했대요. 신하들은 바른 소리를 자주 하는 왕자 교를 미워해서 내쫓기로 하고 영왕에게 거짓말로 모함했어요. 결국, 왕자 교는 평민으로 쫓겨났답니다. 어느 날 강가에서 생각에 잠겨있는 왕자는 화려한 꽃으로 장식된 배를 보았어요. 배에 올라보니 일곱 명의 신선이 잔치를 벌이고 있었답니다. 왕자가 술병을 들어 따라보니 술이 한 방울도 나오지 않는데 신선이 따르면 끝도 없이 술이 나오는 것이 아니겠어요? 그 술은 사람의 뼈와 태를 바꾸는 술이었답니다. 항상 백성을 먼저 생각했던 왕자 교는 술을 마신 후에 사람의 몸을 벗고 신선이 되었답니다.

어떤 한자가 쓰였을까요?

換
바꿀 **환**

骨
뼈 **골**

奪
벗을 **탈**

胎
태 **태**

따라 쓰며 익혀요

또박또박
따라 써요!

換骨奪胎 환골탈태

換	骨	奪	胎	환	골	탈	태
換	骨	奪	胎	환	골	탈	태

뜻 쓰기

새롭게 다시 태어난 것처럼 몰라볼 만큼 변함

이럴 때~
환換골骨탈奪태胎

똑똑한
나 처럼~

다 먹고 버리려던 음료수병이
꽃병으로 **환골탈태**가 되었다.

춘추 시대 때의 고사성어

중국 역사가
한 눈에 보여요

춘추 시대는 「춘추」 책에 나오는 시대랍니다.

'춘추'라는 말은 공자가 쓴 중국의 역사책 제목인 「춘추」에서 따왔어요.

주나라는 왕의 친척이나 믿을 만한 신하를 제후로 삼아 지방을 다스리게 했어요.

제후는 지방의 통치자가 되어 스스로 다스리는 대신 왕에게 세금을 바치고

군대를 보냈답니다. 그런데 주 왕실의 힘이 약해지자 제후들은 더는 왕을 두려워하지

않았어요. 그래서 춘추 시대에 140여 개의 제후국들이 생겨났답니다.

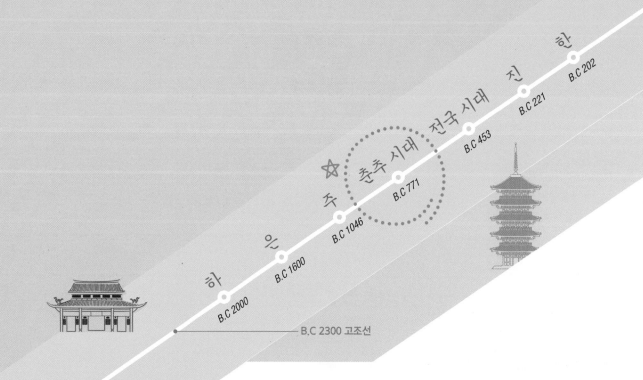

한
B.C 202

진
B.C 221

전국 시대
B.C 453

춘추 시대
B.C 771

주
B.C 1046

은
B.C 1600

하
B.C 2000

B.C 2300 고조선

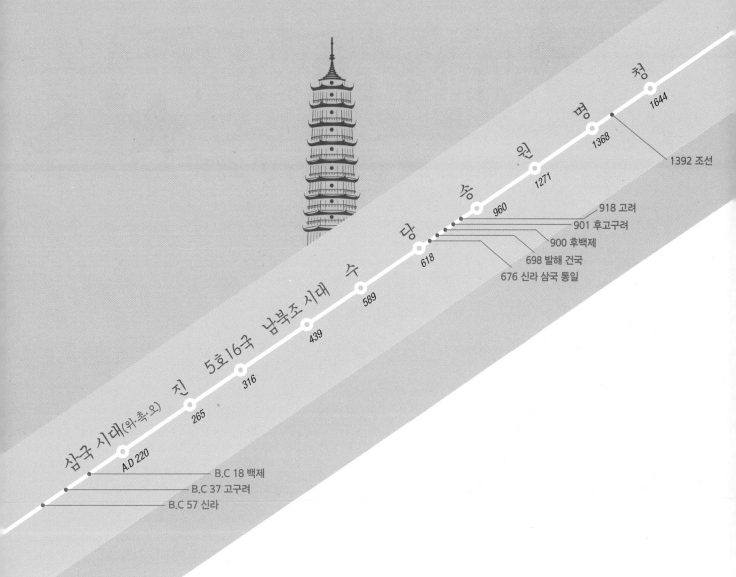

삼국 시대(위·촉·오)

진

5호16국

남북조 시대

수

당

송

원

명

청

B.C 57 신라
B.C 37 고구려
B.C 18 백제
A.D 220
265
316
439
589
618
676 신라 삼국 통일
698 발해 건국
900 후백제
901 후고구려
918 고려
960
1271
1368
1392 조선
1644

☆ 주나라 이후에 등장한
춘추 시대에는 140여 개나 되는
제후국들이 있었답니다.

각刻주舟구求검劍

배舟에 새겨刻 놓고 칼劍을 찾는다求

풀이 어리석고 미련하여 융통성이 없음

천천히
읽어봐요

유래를 알면 더 재미있는 고사성어

중국 초나라 때 어떤 사람이 배를 타고 강을 건너고 있었어요. 그런데 두 팔을 휘두르며 이야기를 하다가 들고 있던 칼을 그만 강물에 빠뜨리고 말았어요.

칼은 금방 물속으로 가라앉았는데, 그 사람은 품 안에 있던 작은 칼을 꺼내어 뱃전에다 무엇인가를 새기고 있었지요.

"음, 이곳이 바로 내 칼이 떨어진 곳이지. 배가 도착하면 내 칼을 찾아야겠다."

배가 강기슭에 도착하자 그 사람은 배에 표시해 둔 곳 밑으로 내려가 칼을 찾기 시작했어요. 그렇지만 배는 이미 칼을 떨어뜨린 곳에서부터 멀리 와버린 후인걸요.

사람들은 그 모습을 보고 "아니, 강물에 떨어진 칼을 뱃전에 표시해 놓고 찾는 어리석은 사람이 다 있다니." 하며 비웃었답니다.

어떤 한자가 쓰였을까요?

刻

새길 **각**

舟

배 **주**

求

구할 **구**

劍

칼 **검**

또박또박
따라 써요!

刻舟求劍 각주구검

刻	舟	求	劍
刻	舟	求	劍

각	주	구	검
각	주	구	검

뜻 쓰기

어리석고 미련하여 융통성이 없음

똑똑한
나 처럼~

이럴 때~
각刻 주舟 구求 검劍

각주구검의 태도를 버리지 못하고 옛것만
고집하는 친구를 보며 융통성이 필요하다고 생각했다.

근近묵墨자者흑黑

먹물墨을 가까이近 하는 사람者은 검게黑 된다

풀이 사람은 주위 사람들과 어울리면서 차차 그 영향을 받아 변한다.

유래를 알면 더 재미있는 고사성어

중국 진나라 때의 책 「태자소부잠」에 보면 다음과 같은 말이 나와 있어요.

"붉은 모래를 가까이하면 붉게 되고, 먹을 가까이하면 검게 된다. 소리가 조화로 우면 울림이 맑게 되고, 모양이 곧으면 그림자 역시 곧게 된다."

근묵자흑이란 '먹을 가까이하다 보면 자신도 모르게 검어진다'는 뜻으로, 사람이 주위 환경에 따라 변한다는 것을 말해요. 훌륭한 친구를 만나면 친구를 보고 배움 으로써 자연스럽게 닮아가게 되고, 나쁜 친구를 만나면 나쁜 것들을 많이 보고 듣 게 되다 보니 자기도 모르게 나쁜 사람이 되어간다는 것을 말해주고 있답니다.

 어떤 한자가 쓰였을까요?

가까울 **근**   먹 **묵**   사람 **자**   검을 **흑**

또박또박
따라 써요!

近墨者黑 근묵자흑

近	墨	者	黑
近	墨	者	黑

근	묵	자	흑
근	묵	자	흑

뜻 쓰기

사람은 주위 사람들의 영향을 받아 차차 변한다.

이럴 때~
근近묵墨자者흑黑

똑똑한
나 처럼~

근묵자흑이라고 평소 착하고 예의 바르던 철이가
나쁜 친구들과 어울려 다니면서 부모님을 실망하게 하는 모습을 보니
친구를 잘 사귀어야겠다는 생각이 들었다.

와臥신薪상嘗담膽

장작薪 위에 누워臥 자고 쓸개膽를 씹는다嘗

> 풀이 목표를 이룰 때까지 그 목표를 되새기며 노력함

천천히
읽어 봐요

유래를 알면 더 재미있는 고사성어

춘추 시대, 오나라 왕 합려는 월나라로 쳐들어갔다가 월나라 왕 구천에게 패하였어요. 합려에게는 부차라는 아들이 있었는데 죽기 전에 아들에게 원수를 갚으라는 유언을 남겼답니다. 아버지의 뒤를 이어 왕이 된 부차는 푹신한 비단 이불 대신 불편한 땔나무 장작을 깔고 잠을 자며 아버지의 유언을 잊지 않았어요. 군사를 훈련하며 원수 갚을 날이 오기만을 기다리던 어느 날, 구천이 군대를 끌고 공격해 왔어요. 그러나 이미 만반의 준비를 하고 있던 부차에게 큰 승리는 당연한 일이었지요. 부차는 아버지의 원수를 갚게 되었고 구천은 목숨만 겨우 구하여 월나라로 돌아왔지요. 구천은 부차에게 받은 모욕을 되갚아 주겠다고 결심하며 항상 쓸개를 곁에 두고 쓰디쓴 맛을 보며 칼을 갈았답니다. 이렇게 복수의 기회를 노리던 구천은 20년 후에 드디어 오나라를 정복하고 부차를 굴복시켰지요.

어떤 한자가 쓰였을까요?

누울 **와**

땔나무 **신**

맛볼 **상**

쓸개 **담**

따라 쓰며 익혀요

또박또박 따라 써요!

臥薪嘗膽 와신상담

臥	薪	嘗	膽	와	신	상	담
臥	薪	嘗	膽	와	신	상	담

뜻 쓰기

목표를 이룰 때까지 그 목표를 되새기며 노력함

똑똑한 나 처럼~

이럴 때~
와臥신薪상嘗담膽

줄넘기 시합에서 이겼다고 으스대는 만수를 이기기 위해
와신상담하며 매일 연습하였더니 드디어 만수를 이기게 되었다.

23

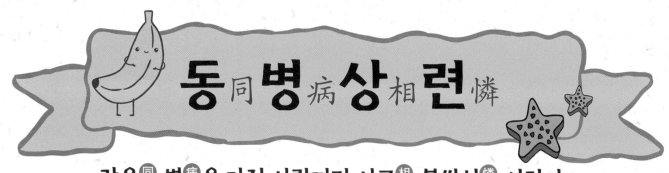

동同병病상相련憐

같은同 병病을 가진 사람끼리 서로相 불쌍히憐 여긴다

풀이 같은 처지에 있는 사람끼리 서로 이해하고 돕는 것

천천히 읽어 봐요

유래를 알면 더 재미있는 고사성어

초나라에서 오나라로 망명 온 오자서는 초나라에 복수하기 위해 오나라 왕자 광(합려)이 왕의 자리에 오를 수 있도록 도왔어요. 그 공을 인정받아 큰 벼슬에 오른 오자서는 자신과 같이 초나라에서 망명 온 백비를 추천하여 함께 정치하게 되었답니다. 백비를 무조건 믿는 오자서를 걱정한 피리가 자서에게 "한 번 본 백비를 어찌 그리 믿으십니까?"라고 물었어요.

"백비와 나는 같은 원한을 품고 있다네. 같은 병을 가지고 있는 사람들은 서로 불쌍히 여겨 한 가지로 걱정하고 서로 구하는 법일세."라고 답했지요.

하지만 동병상련이라 믿었던 오자서는 백비의 배신으로 죽음을 맞게 되었답니다.

어떤 한자가 쓰였을까요?

同
같을 **동**

病
병들 **병**

相
서로 **상**

憐
불쌍히 여길 **련**

또박또박
따라 써요!

同病相憐 동병상련

同	病	相	憐		동	병	상	련
同	病	相	憐		동	병	상	련

뜻 쓰기

같은 처지에 있는 사람끼리 서로 이해하고 돕는 것

똑똑한
나 처럼~

이럴 때~
동同병病상相련憐

시험을 망친 나와 내 짝은 **동병상련**의 감정을
느끼고 서로 위로하며 집으로 갔다.

결結초草보報은恩

풀草을 묶어結 은혜恩를 갚는다報

풀이 은혜를 절대 잊지 않는다.

천천히 읽어 봐요

유래를 알면 더 재미있는 고사성어

진나라의 위무자에게는 아끼는 첩이 있었어요. 늙은 위무자는 아들에게 "내가 죽거든 이 여자를 다른 곳으로 시집 보내거라."라고 말씀하였지요. 그랬던 위무자가 죽기 직전에는 "내가 죽거든 이 여자도 죽여서 함께 묻어다오."라고 유언을 바꿨어요. 아버지가 돌아가시자 아들 위과는 어떤 유언을 따라야 할지 고민하다가 아버지가 올바른 정신일 때 한 유언을 따라야겠다고 생각하고 그 여자를 다른 곳으로 시집보냈답니다. 세월이 흘러 진나라는 위나라와 전쟁을 하게 되었고 전장에 나가 궁지에 몰린 위과는 적의 장수 두희에게 쫓기는 신세가 되고 말았어요. 때마침 어떤 노인이 풀을 묶어 만든 매듭에 두희의 말이 걸려 넘어졌어요. 위과는 이 틈을 타 두희를 사로잡고 승리하게 되었지요. 풀을 묶어 곤경에 빠진 위과를 도운 그 노인은 바로 위무자 첩의 아버지였답니다.

어떤 한자가 쓰였을까요?

結
맺을 **결**

草
풀 **초**

報
갚을 **보**

恩
은혜 **은**

26

또박또박
따라 써요!

結草報恩 결초보은

結	草	報	恩		결	초	보	은
結	草	報	恩		결	초	보	은

뜻 쓰기

은혜를 절대 잊지 않는다.

똑똑한
나처럼~

이럴 때~
결結**초**草**보**報**은**恩

산속에서 길을 잃은 나를 도와 집까지
무사히 돌아올 수 있게 해주신 구조대원 아저씨에게
결초보은을 다짐하며 감사의 편지를 썼다.

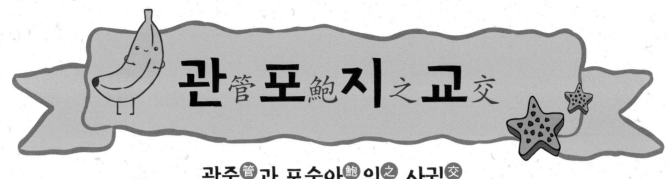

관管포鮑지之교交

관중管과 포숙아鮑의之 사귐交

풀이 믿음과 의리가 변치 않는 친구 사이

천천히
읽어 봐요

유래를 알면 더 재미있는 고사성어

춘추 시대 제나라의 관중과 포숙아는 둘도 없는 친구였습니다. 세월이 흘러 벼슬에 오른 관중과 포숙은 서로 다른 왕자 규와 소백을 모시게 되었어요. 그런데 두 왕자는 서로 왕이 되려고 싸웠답니다. 결국, 소백이 형 규를 죽이고 왕에 오르자 규를 모시던 관중도 죽을 위기에 처하고 말았어요. 이때 포숙아가 왕에게 이렇게 말했답니다.

"왕께서 제나라만 다스리고자 하신다면 저 하나로 충분합니다. 하지만 천하를 다스리고자 하신다면 관중을 신하로 삼으셔야 합니다."

포숙아의 간청으로 목숨을 구한 관중은 포숙아와 함께 소백을 춘추 시대 최고의 왕으로 만들었어요.

어떤 한자가 쓰였을까요?

管

대롱 **관**

鮑

절인 어물 **포**

之

어조사 **지**

交

사귈 **교**

28

또박또박 따라 써요!

管鮑之交 관포지교

管	鮑	之	交		관	포	지	교
管	鮑	之	交		관	포	지	교

뜻 쓰기

믿음과 의리가 변치 않는 친구 사이

똑똑한 나 처럼~

이럴 때~
관管포鮑지之교交

관포지교를 나눌 친구가 있다는 것은 큰 행운이다.

29

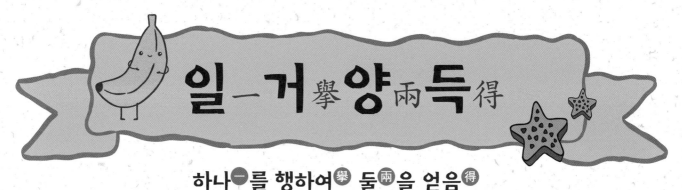

일一거擧양兩득得

하나一를 행하여擧 둘兩을 얻음得

천천히 읽어 봐요

유래를 알면 더 재미있는 고사성어

춘추 시대 노나라의 대부인 변장자는 아주 힘이 센 장사였습니다. 마을에 호랑이 두 마리가 나타났다는 소문을 듣고 급히 호랑이를 잡으러 가려 하자 서동이 말리면서 호랑이 두 마리가 소를 잡아먹을 때 서로 많이 먹으려고 다투는데, 그러면 틀림없이 큰놈은 상처를 입게 되고 작은놈은 죽게 될 것이니, 그때 상처 입은 놈을 잡으면 두 마리를 동시에 잡을 수 있다고 조언하였습니다. 변장자는 서동의 말을 듣고 잠시 기다렸는데, 정말로 두 호랑이 가운데 한 놈이 죽고 다른 한 놈은 상처를 입었기에 두 마리 모두 잡았다고 합니다.

어떤 한자가 쓰였을까요?

한 일

들 거

두 량

얻을 득

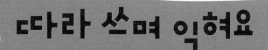

一擧兩得 일거양득

一	擧	兩	得

일	거	양	득

一	擧	兩	得

일	거	양	득

뜻 쓰기

한 가지 일로 두 가지 이익을 얻는다.

이럴 때~
일一거擧양兩득得

똑똑한
나 처럼~

이 책을 읽으면 고사성어도 알 수 있고
국어 실력도 좋아지니 **일거양득**이야.

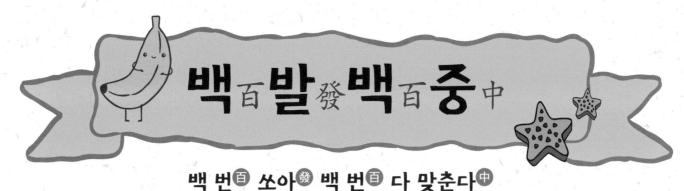

백百발發백百중中

백 번百 쏘아發 백 번百 다 맞춘다中

> **풀이** 목표가 예정대로 딱 들어맞거나 실패 없이 잘 되는 것

천천히
읽어 봐요

유래를 알면 더 재미있는 고사성어

초나라에 양유기라는 사람이 있었는데 활쏘기를 매우 좋아했답니다.

어느 날 길을 지나다가 사람들이 모여 활쏘기 시합하는 것을 보았어요.

"활쏘기 시합의 과녁이 너무 가깝네요, 나라면 백 걸음 더 뒤로 물러나 쏘아도 맞출 수 있겠는데."

양유기의 말을 들은 사람들은 양유기의 콧대를 꺾어주고 싶었어요.

"그럼 백 걸음 뒤로 물러나서 과녁이 아닌 저 버드나무 잎사귀를 맞춰 보시오."

양유기는 자신 있게 활을 쏘았고, 활은 버드나무 잎에 명중했지요.

사람들은 양유기의 활 솜씨에 박수를 보냈고, 양유기는 '백 번 활을 쏘면 백 번 다 맞춘다'는 말에서 백발백중이라는 말이 생겨났답니다.

 어떤 한자가 쓰였을까요?

百

일백 **백**

發

쏠 **발**

百

일백 **백**

中

맞힐 **중**

또박또박
따라 써요!

百發百中 백발백중

百	發	百	中
百	發	百	中

백	발	백	중
백	발	백	중

뜻 쓰기

목표가 예정대로 딱 들어맞거나 실패 없이 잘 되는 것

똑똑한
나처럼~

이럴 때~
백百발發백百중中

우리나라 양궁선수들이 **백발백중**하여
올림픽 금메달을 싹쓸이했다.

33

개改과過천遷선善

잘못過을 고쳐改 착하게善 된다遷

풀이 예전에 저지른 잘못을 반성하고 고쳐 착하게 됨

유래를 알면 더 재미있는 고사성어

진나라의 주처는 좋은 가문에서 태어났지만, 아버지가 돌아가시고 집안이 기울면서 빗나가기 시작했습니다. 거리를 쏘다니며 온갖 나쁜 짓만 골라 하고 다녔답니다. 그래서 마을 사람들은 주처를 멀리하였습니다. 그러던 어느 날 주처는 자신의 잘못을 뉘우치고 새사람이 되었지만, 사람들은 여전히 그를 멀리했습니다. 주처가 그 이유를 묻자 한 용기 있는 마을 사람이 이렇게 대답하였습니다. "우리 마을에는 세 가지 나쁜 것이 있는데, 첫 번째는 남산의 무서운 호랑이, 두 번째는 장교 아래 사는 교룡이며, 다음은 바로 당신이요." 이 말을 들은 주처는 새사람이 되기로 결심하고 마을의 어려움을 해결하는 데 앞장섰어요. 이에 동네 사람들도 그를 새롭게 보게 되었고 공부도 열심히 한 주처는 마침내 훌륭한 학자가 되었답니다.

어떤 한자가 쓰였을까요?

改
고칠 **개**

過
지날, 잘못 **과**

遷
옮길 **천**

善
착할 **선**

또박또박
따라 써요!

改過遷善 개과천선

改	過	遷	善		개	과	천	선
改	過	遷	善		개	과	천	선

뜻 쓰기

예전에 저지른 잘못을 반성하고 고쳐 착하게 됨

똑똑한
나 처럼~

이럴 때~
개改과過천遷선善

자기밖에 모르던 욕심꾸러기 친구가 봉사활동을 하며
개과천선하여 어려운 이웃을 돕는 훌륭한 사람이 되었다.

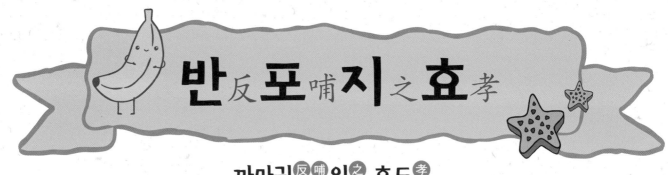

반反포哺지之효孝

까마귀反哺의之 효도孝

풀이 어미에게 먹이를 물어다 주는 까마귀처럼 지극한 효심

유래를 알면 더 재미있는 고사성어

중국 진나라 무제가 이밀에게 높은 벼슬을 내리려고 했는데, 이밀은 늙으신 할머니를 봉양하기 위해 벼슬을 거절했답니다. 이밀이 자신의 명령을 거절하자 무제는 이밀을 불러 크게 화를 내었는데요, 이밀은 자신을 까마귀에 비유하면서 다음과 같이 말했답니다. "까마귀가 어미 새의 은혜에 보답하려는 마음으로 할머니가 돌아가시는 날까지만 봉양하게 해 주십시오"

까마귀는 태어난 지 60일 동안은 어미가 새끼에게 먹이를 물어다 주지만 새끼가 다 자라면 사냥하기 힘든 어미에게 먹이를 물어다 준다고 해요. 그래서 사람들은 까마귀를 반포조(反哺鳥: 어미에게 먹이 주는 일을 되돌려서 하는 새)라고 불렀답니다.

어떤 한자가 쓰였을까요?

反	哺	之	孝
되돌릴 **반**	먹일 **포**	어조사 **지**	효도 **효**

또박또박 따라 써요!

反哺之孝 반포지효

反	哺	之	孝
反	哺	之	孝

반	포	지	효
반	포	지	효

뜻 쓰기

지극한 효심

똑똑한 나 처럼~

이럴 때~
반反포哺지之효孝

부모님을 **반포지효**로 모시는 것은
자식의 당연한 도리입니다.

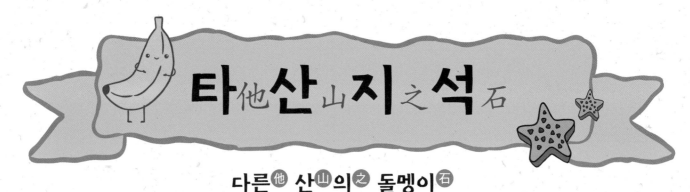

타他산山지之석石

다른他 산山의之 돌멩이石

풀이 하찮은 것이라도 자신을 갈고 닦는 데 도움이 될 수 있다.

유래를 알면 더 재미있는 고사성어

옛날 중국에 옥돌이 많이 나는 산이 있었어요. 옥돌은 갈고 다듬어야 예쁜 보석이 되는데 그 산에는 옥돌만 많아서 옥을 갈고 다듬는 데 어려움이 있었답니다. 옥은 옥끼리 갈면 망가지고 돌멩이로 만든 숫돌에 갈아야 하거든요.

그래서 다른 산에 있는, 옥보다 하찮은 돌멩이가 필요했지요.

'타산지석'이란 다른 산의 하찮은 돌이라도 값진 옥을 가는 데 도움이 되듯이, 나보다 못한 사람이라도 그 사람의 행동을 보고 나를 반성하는 계기로 삼는 데 도움을 받을 수 있다는 뜻이에요.

 어떤 한자가 쓰였을까요?

다를 **타**

산 **산**

어조사 **지**

돌 **석**

他山之石 타산지석

他	山	之	石	타	산	지	석
他	山	之	石	타	산	지	석

뜻 쓰기

하찮은 것이라도 자신을 갈고 닦는 데 도움이 될 수 있다.

이럴 때~
타他 산山 지之 석石

성공한 사람들의 노력을 **타산지석** 삼아
노력한 결과 꿈을 이룰 수 있었다.

토兎사死구拘팽烹

토끼兎를 잡으면死 사냥개拘가 삶아烹 먹힌다

풀이 필요할 때는 실컷 부려 먹다가 필요가 없으면 버림

천천히
읽어 봐요

유래를 알면 더 재미있는 고사성어

춘추 시대, 월나라 왕 구천에게는 범려와 문종이라는 뛰어난 신하가 있었어요. 두 사람이 전쟁에서 큰 공을 세우자 구천은 그들에게 높은 벼슬을 내렸지요.

하지만 범려는 자신의 왕인 구천을 믿을 수 없는 사람이라고 생각하여 월나라를 탈출해 제나라로 도망갔어요. 제나라에 숨어 살면서 범려는 월나라 왕 구천의 밑에 있는 문종이 걱정되었답니다. 그래서 문종에게 이렇게 편지를 썼지요.

"새 사냥이 끝나고 나면 좋은 활도 어두운 곳에 처박히고, 토끼를 잡고 나면 사냥
개는 삶아 먹힌답니다."

전쟁에 승리한 구천에게 버림받을 것이 뻔한 문종이 염려되어 어서 피신하라는 충고의 편지였답니다.

어떤 한자가 쓰였을까요?

토끼 **토**

죽을 **사**

개 **구**

삶을 **팽**

따라 쓰며 익혀요

兔死拘烹 토사구팽

兔	死	拘	烹
兔	死	拘	烹

토	사	구	팽
토	사	구	팽

뜻 쓰기

필요할 때 실컷 부려 먹고 필요 없으면 버림

이럴 때~
토兔사死구拘팽烹

이번 국무총리 교체를 보고 사람들은
토사구팽이라고 비난했다.

전국 시대 때의 고사성어

중국 역사가 한 눈에 보여요

춘추 시대 제후국들은 다른 나라와의 경쟁에서 이기기 위해 자기 나라를
부강하게 만들어 줄 인재를 널리 구했어요. 그래서 이 시기에
공자, 맹자, 순자, 노자, 장자 등을 비롯한 많은 사상가들이 활약하게 되었지요.
이들은 여러 나라를 돌며 자기 생각을 왕에게 설득했는데 이들의 이야기를
모은 책이 바로 「전국책」이랍니다. 전국 시대는 「전국책」에 나오는 시대이지요.
춘추 시대 초기에 140여 개였던 제후국들은 전국 시대에 이르러
7개의 강대국으로 정리되었어요. '진, 초, 제, 한, 위, 조, 연'인데
이 나라들을 가리켜 '전국 7웅'이라 한답니다.

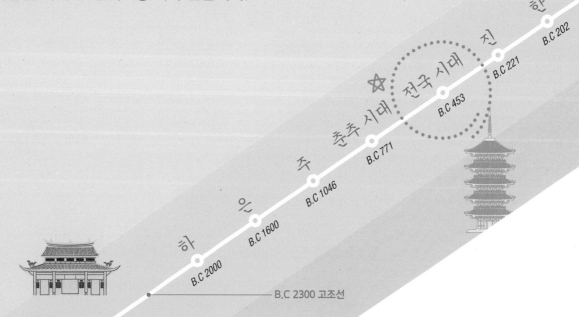

하 · 은 · 주 · 춘추 시대 · 전국 시대 · 진 · 한

B.C 2300 고조선 · B.C 2000 · B.C 1600 · B.C 1046 · B.C 771 · B.C 453 · B.C 221 · B.C 202

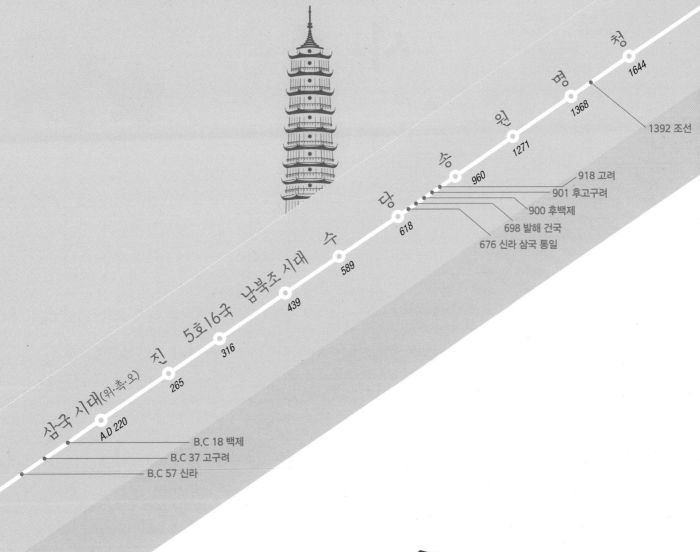

삼국 시대(위·촉·오)
A.D 220

B.C 18 백제
B.C 37 고구려
B.C 57 신라

진
265

5호16국
316

남북조 시대
439

수
589

당
618

676 신라 삼국 통일
698 발해 건국
900 후백제
901 후고구려
918 고려

송
960

원
1271

명
1368

1392 조선

청
1644

☆ 전국 시대는 춘추 시대에 생겨났던
140여 개의 제후국들이 7개의 강대국으로
정리된 때로, '공자'라는 유명한 분도
이 시대의 사람이에요.

사蛇족足

뱀蛇의 발足

풀이 쓸데없는 일을 하는 것

천천히 읽어 봐요

유래를 알면 더 재미있는 고사성어

초나라에 어느 주인이 제사가 끝나고 난 뒤 하인들에게 술 한 병을 주었답니다. 그런데 술은 한 병밖에 되지 않고 하인들은 여럿이라 나눠 마시기가 어려웠지요.

"어차피 술이 부족하니 나눠 마시기보다 한 사람에게 다 줍시다. 뱀을 그려서 제일 먼저 완성하는 사람이 술을 마시기로 하면 어떻겠소?"

누군가의 제안을 받아들이고선 사람들은 열심히 뱀을 그리기 시작했답니다. 얼마 후에 제일 먼저 그림을 완성한 사람이 술병을 들고서 얘기했어요.

"자, 내가 제일 먼저 완성했으니 술은 내 것이지. 나는 얼마나 빨리 그림을 그리는지 뱀에 발까지 그려 넣고도 자네들보다 빨리 그렸다네."

그 순간 옆에 있던 사람이 술병을 빼앗아 들고 말했어요. "뱀에 발이 있으니 어찌 뱀이라 할 수 있는가? 그러니 뱀을 가장 먼저 완성한 사람은 바로 나라네."

어떤 한자가 쓰였을까요?

뱀 사

발 족

또박또박
따라 써요!

蛇足 사족

蛇	足	蛇	足		사	족	사	족
蛇	足	蛇	足		사	족	사	족

뜻 쓰기

쓸데없는 일을 하는 것

이럴 때~
사蛇족足

똑똑한
나 처럼~

늦잠을 자서 지각해 놓고 이런저런
변명을 늘어놓는 것은 **사족**일 뿐이다.

어漁부父지之리利

어부漁父의之 이익利

풀이 두 사람이 싸우고 있는 사이에 제삼자가 이익을 얻는 것

유래를 알면 더 재미있는 고사성어

어느 강가에 큰 조개 하나가 입을 벌리고 햇볕을 쬐고 있었어요. 그때 황새 한 마리가 날아와 조개의 살을 쪼았지요. 그러자 조개는 입을 다물어 황새의 주둥이를 물었어요. 황새는 주둥이가 물린 채 '오늘도 비가 오지 않고 내일도 비가 오지 않는다면 너는 말라 죽을 거야.' 하고 말하였어요. 이 말을 들은 조개는 황새에게 '내가 오늘도 놓지 않고 내일도 놓지 않는다면 너야말로 굶어 죽고 말겠지.' 둘은 서로 양보하지 않고 싸웠어요. 때마침 그곳을 지나가던 어부가 던진 그물에 둘은 모두 잡히고 말았답니다.

어떤 한자가 쓰였을까요?

고기잡을 **어**

아버지 **부**

어조사 **지**

이로울 **리**

46

따라 쓰며 익혀요

또박또박
따라 써요!

漁父之利 어부지리

漁	父	之	利
漁	父	之	利

어	부	지	리
어	부	지	리

뜻 쓰기

두 사람이 싸우고 있는 사이에 제삼자가 이익을 얻는 것

똑똑한
나 처럼~

이럴 때~
어漁부父지之리利

반장 선거에 출마한 두 친구가 서로 비방하는 바람에
엉뚱한 친구가 **어부지리**로 반장에 당선되었다.

47

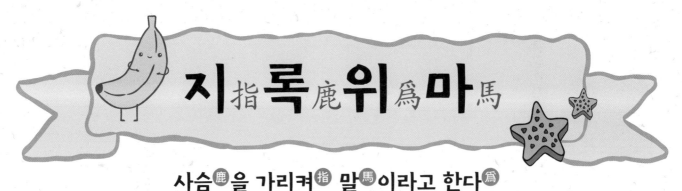

지指록鹿위爲마馬

사슴鹿을 가리켜指 말馬이라고 한다爲

풀이 윗사람을 우습게 여기며 자신이 권력을 휘두르는 것

유래를 알면 더 재미있는 고사성어

중국을 하나로 통일한 진시황이 죽은 후, 조고라는 사람이 맏아들 부소를 죽게 하고 둘째 아들 호해를 왕으로 세웠어요. 그 후 조고는 권력을 마음대로 휘두르며 자신에게 반대하는 사람들을 없애버렸지요.

어느 날 조고가 왕에게 사슴을 잡아다 바치며 그것을 말이라고 했어요. 왕은 "어찌 사슴을 말이라 하는가? 그대들 눈에도 이것을 말로 보이는가?" 하며 다른 신하들에게 물었지요.

조고에게 겁먹은 다른 신하들은 그것을 말이라고 대답했고, 사슴이라고 바로 대답한 몇몇 사람들은 모두 조고에게 죽임을 당하게 되었답니다. 그 후로는 누구도 조고의 말에 반대하는 사람이 없게 되어 왕보다 더한 권력을 누리게 되었지요.

어떤 한자가 쓰였을까요?

指
가리킬 지

鹿
사슴 록

爲
할 위

馬
말 마

또박또박
따라 써요!

指鹿爲馬 지록위마

指	鹿	爲	馬
指	鹿	爲	馬

지	록	위	마
지	록	위	마

뜻 쓰기

윗사람을 우습게 여기며 자신이 권력을 휘두르는 것

똑똑한
나 처럼~

이럴 때~
指지록鹿위爲마馬

윗사람의 신임을 받고 있다고 해서
지록위마해서는 안 된다.

낭囊중中지之추錐

주머니囊 속中의之 송곳錐

풀이 뛰어난 인재는 어디에 있어도 저절로 알려진다.

천천히
읽어 봐요

유래를 알면 더 재미있는 고사성어

조나라 때 평원군이라는 사람이 나라를 위해 일할 인재 스무 명을 뽑고자 했는데 한 명이 부족했지 뭐예요. 때마침 모수라는 사람이 찾아와 자신을 뽑아 달라고 하자 평원군은 이렇게 대답했지요. "뛰어난 인물은 주머니 속에 든 송곳이 밖으로 삐져나오는 것처럼 어느 곳에 있어도 저절로 드러나는 법입니다. 그런데 그동안 드러나지 않아 내가 그대를 모르고 있었다니 그대는 인재가 아니지 않습니까?" 그러자 모수가 대답했어요. "오늘이라도 저를 그 주머니에 넣어주시길 부탁할 뿐입니다. 그동안 저를 주머니에 넣어주지 않으셔서 그렇지 제가 처음부터 주머니에 있었더라면 송곳 손잡이까지 모두 삐져나왔을 것입니다." 이 말을 들은 평원군은 모수를 뽑았고 모수는 나라를 위해 큰일을 해내었답니다.

어떤 한자가 쓰였을까요?

주머니 **낭**

가운데 **중**

어조사 **지**

송곳 **추**

또박또박
따라 써요!

囊中之錐 낭중지추

囊	中	之	錐		낭	중	지	추
囊	中	之	錐		낭	중	지	추

뜻 쓰기

뛰어난 인재는 어디에 있어도 저절로 알려진다.

이럴 때~

똑똑한
나 처럼~
낭囊중中지之추錐

그 사람은 나서지 않아도
낭중지추라서 금방 눈에 뜨일 거야.

청靑출出어於람藍

푸른색靑이 쪽빛藍에서於 나왔다出

풀이 > 제자가 스승보다 뛰어나다.

천천히 읽어 봐요

유래를 알면 더 재미있는 고사성어

중국 전국 시대에 순자라는 철학자는 사람은 태어날 때 악하게 태어났기 때문에 열심히 배우고 익혀서 착하게 되어야 한다고 주장했어요. 열심히 공부할 것을 강조하면서 다음과 같이 말했지요.

"푸른색은 쪽 풀에서 얻었지만 쪽 풀보다 더 푸르고, 얼음은 물에서 얻어지지만, 물보다 더욱 차다."

즉, 학문은 끊임없이 계속되는 것이므로 중도에 그쳐서는 안 되고, 푸른색이 쪽 풀의 빛깔보다 푸르듯이 열심히 공부하는 제자는 스승을 능가하는 학문의 깊이를 가질 수 있다는 것을 일컫는 말이랍니다.

어떤 한자가 쓰였을까요?

靑	出	於	藍
푸를 **청**	날 **출**	어조사 **어**	쪽빛 **람**

또박또박 따라 써요!

青出於藍 청출어람

青	出	於	藍

청	출	어	람

青	出	於	藍

청	출	어	람

뜻 쓰기

제자가 스승보다 뛰어나다.

똑똑한 나 처럼~

이럴 때~
청青출出어於람藍

선생님께서 제자들의 작품을 보며
청출어람이라고 감탄하셨습니다.

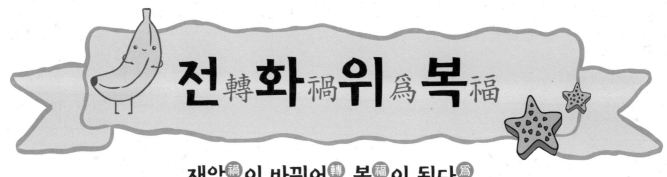

전轉화禍위爲복福

재앙禍이 바뀌어轉 복福이 된다爲

풀이 열심히 노력하면 재앙이 바뀌어 복이 된다.

천천히 읽어 봐요

유래를 알면 더 재미있는 고사성어

중국 전국 시대에 진나라가 강대국이 되자 소진이라는 사람이 한·위·조·초·연·제나라가 모두 힘을 합쳐 진나라에 대항해야 한다고 주장했어요. 다른 나라 왕들은 불안해하면서 용기를 내지 못했지요.

그때 소진이 다음과 같이 말하며 여러 나라의 왕들을 설득했어요.

"일을 잘 처리하는 사람은 화(禍)를 바꾸어 복(福)이 되게 했고, 실패한 것을 바꾸어 공이 되게 했습니다."

이것은 어떤 불행한 일이 닥치더라고 끊임없이 노력하면 불행을 행복으로 바꿀 수 있다는 말이에요.

어떤 한자가 쓰였을까요?

구를 **전**

재앙 **화**

될 **위**

복 **복**

따라 쓰며 익혀요

또박또박
따라 써요!

轉禍爲福 전화위복

轉	禍	爲	福

전	화	위	복

轉	禍	爲	福

전	화	위	복

뜻 쓰기

재앙이 바뀌어 복이 된다.

똑똑한
나 처럼~

이럴 때~
전轉화禍위爲복福

부상을 당한 그 선수는 쉬는 동안 체력을 회복한 것이
전화위복이 되어 그 이후 계속 우승을 놓치지 않았다.

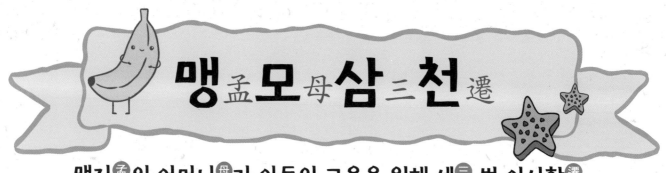

맹孟모母삼三천遷

맹자孟의 어머니母가 아들의 교육을 위해 세三 번 이사함遷

풀이 주위 환경이 교육에 미치는 영향이 크다.

유래를 알면 더 재미있는 고사성어

맹자는 어려서 아버님을 여의고 홀어머니와 함께 공동묘지 옆 마을에서 살았답니다. 친구들과 무덤을 파거나 곡하는 것을 흉내 내며 노는 맹자를 본 어머니는 맹자의 교육을 위해 이사를 했는데 그곳은 바로 시장 근처 마을이었어요. 그런데 이번에는 맹자가 장사꾼 흉내를 내며 놀고 있는 것이 아니겠어요? 이 모습을 본 어머니는 이곳도 자식을 기를만한 곳이 못 된다고 생각하며 서당이 있는 곳으로 이사하였지요. 서당에서 공부하는 것을 흉내 내며 노는 맹자를 본 어머니는 자식의 교육에 환경이 정말 중요하다고 생각하였답니다.

어떤 한자가 쓰였을까요?

맏이, 맹자 **맹**

어머니 **모**

셋 **삼**

옮길 **천**

孟母三遷 맹모삼천

孟	母	三	遷
孟	母	三	遷

맹	모	삼	천
맹	모	삼	천

뜻 쓰기

주위 환경이 교육에 미치는 영향이 크다.

이럴 때~
맹孟모母삼三천遷

아무리 **맹모삼천** 하더라도 내가 노력하지 않으면
헛된 일이 되고 말 것이다.

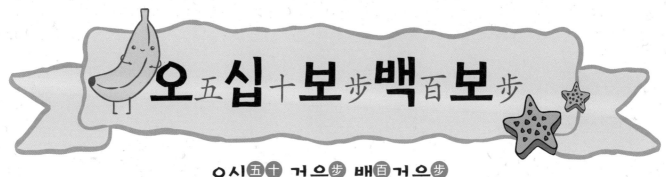

오五십十보步백百보步

오십五十 걸음步 백百걸음步

풀이 큰 차이 없이 비슷하다.

천천히
읽어 봐요

유래를 알면 더 재미있는 고사성어

이웃 나라 왕보다 자신이 더 훌륭하다고 늘 생각했던 양나라 혜왕은 이웃 나라 백성들이 자기 나라로 오지 않자, 답답한 나머지 맹자에게 그 이유를 물었어요.

"왕께서 전쟁을 좋아하시니 전쟁에 비유하여 설명 드리겠습니다. 전쟁터에서 오십 걸음 도망친 병사가 백 걸음 도망친 병사를 비겁하다고 비웃는다면 왕께서는 어떻게 생각하시겠습니까?"

맹자의 질문에 혜왕은 대답했지요.

"오십 걸음이나 백 걸음이나 도망친 것은 마찬가지인데 비웃을 자격이 없지."

이웃 나라 왕과 혜왕의 백성을 위하는 마음에는 큰 차이가 없다는 것을 혜왕에게 알려주기 위해 맹자는 그렇게 말한 것이랍니다.

어떤 한자가 쓰였을까요?

다섯 오

열 십

걸음 보

일백 백

걸음 보

따라 쓰며 익혀요

또박또박 따라 써요!

五十步百步 오십보백보

五	十	步	步	百	오	십	보	백	보
五	十	步	步	百	오	십	보	백	보

뜻 쓰기

큰 차이 없이 비슷하다.

똑똑한 나 처럼~

이럴 때~
오五십十+보步백百보步

"엄마, 이번 수학 점수는 60점인데,
그래도 언니보단 잘 봤으니까 잘한 거지요?"
"어이구, 둘 다 **오십보백보**야."

온溫고故지知신新

옛故것을 익혀서溫 새로운新 것을 안다知

풀이 새로운 것 못지않게 옛것도 중요하다.

천천히 읽어 봐요

유래를 알면 더 재미있는 고사성어

공자의 말씀을 기록해 놓은 「논어」라는 책에는 다음과 같은 말이 있답니다.

"옛것을 익혀서 새로운 것을 안다면 스승이 될 수 있다."

옛것을 충실히 익혀서 지혜를 터득해야만 새로운 사실도 깨우칠 수 있게 되겠지요. 새로운 지식들만 더 좋고 가치 있는 것은 아니랍니다.

어린이 여러분들도 우리 조상들의 문화와 역사를 더 깊이 공부하고 생각한다면 새로운 시대에 필요한 지혜가 생길 거예요.

어떤 한자가 쓰였을까요?

익힐 온

옛 고

알 지

새로운 신

또박또박
따라 써요!

溫故知新 온고지신

溫	故	知	新		온	고	지	신
溫	故	知	新		온	고	지	신

뜻 쓰기

새로운 것 못지않게 옛것도 중요하다.

똑똑한
나 처럼~

이럴 때~
온溫고故지知신新

역사에서 지혜를 얻는 **온고지신**의 자세가 필요하다.

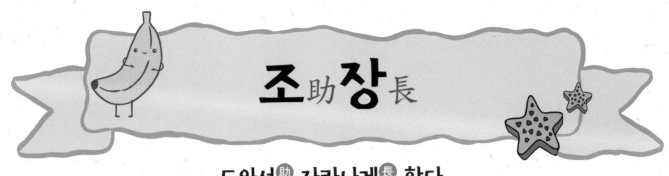

조助장長

도와서助 자라나게長 한다
풀이 조급하게 키우려다 오히려 망친다.

천천히 읽어 봐요

유래를 알면 더 재미있는 고사성어

맹자가 제자인 공손추와 정치에 관해서 이야기를 나누다가 송나라 농부의 이야기를 들려주었어요.

송나라의 어떤 농부가 모를 심었는데 그 모가 좀처럼 잘 자라지 않아 어떻게 하면 빨리 자랄까 고민하다 손으로 조금씩 뽑아주었지요. 그 많은 모를 하나하나씩 뽑아 길게 늘이려니 무척 힘이 들었지만 그래도 모가 쑥쑥 자라날 생각에 뿌듯하기까지 했답니다. "아이고 피곤하다. 모가 하도 작아서 잘 자라도록 도와주고 왔지."

이 말을 들은 가족들은 깜짝 놀라 논으로 달려갔지요. 아니나 다를까 모가 전부 말라 있지 않겠어요?

맹자는 바른 정치도 이와 같다고 하며 빨리 성과를 얻기 위해 억지로 돕는 일을 해서는 안 된다고 하셨답니다.

어떤 한자가 쓰였을까요?

助
도울 조

長
성장할 장

또박또박
따라 써요!

助 長 조장

助	長	助	長	조	장	조	장
助	長	助	長	조	장	기	장

뜻 쓰기

조급하게 키우려다 오히려 망친다.

똑똑한
나 처럼~

이럴 때~
조助장長

1+1 상품은 충동구매를 **조장**하고 있습니다.

진나라, 한나라 고사성어

秦 漢

중국 역사가
한 눈에 보여요

전국 7웅 중 하나였던 진나라는 나머지 6개의 나라를 모두 무너뜨리고
마침내 천하 통일을 이루었어요. 중국 최초의 황제에 오른 진나라 시황제는
글자와 도량형을 통일하고 돈을 새로 만들었어요. 이렇게 적극적인
통일 정책을 추진했지만, 진나라는 겨우 15년밖에 못 갔답니다.
그 뒤를 이은 나라가 바로 유방이 세운 한나라입니다.

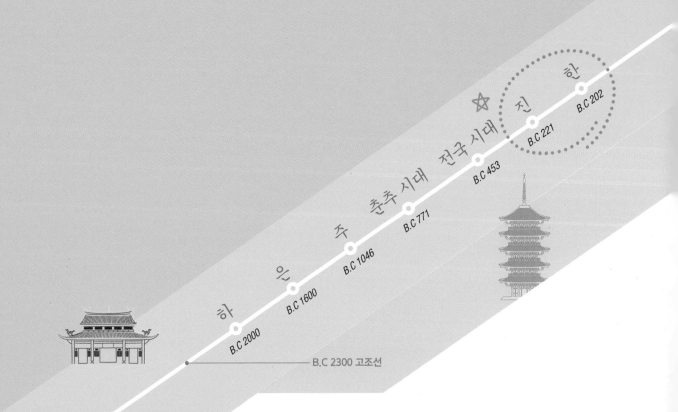

B.C 2300 고조선
B.C 2000
하
은
B.C 1600
주
B.C 1046
춘추 시대
B.C 771
전국 시대
B.C 453
진
B.C 221
한
B.C 202

때의

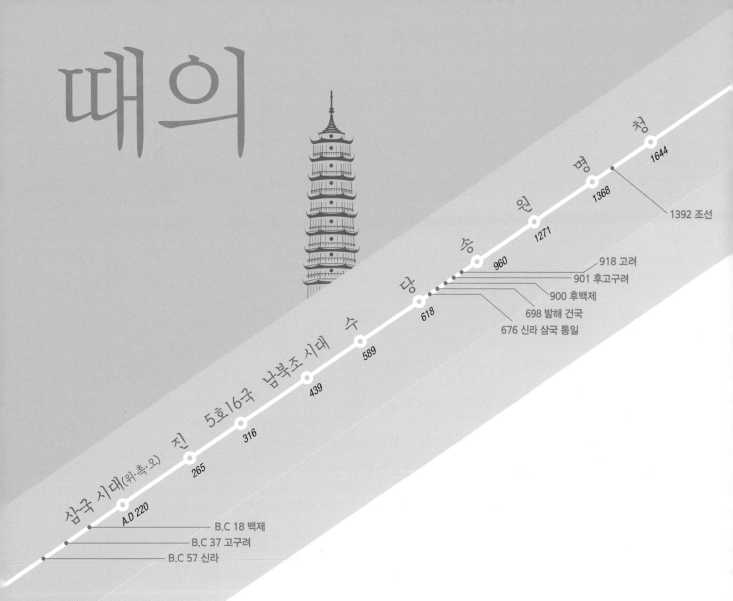

청 1644
명 1368
원 1271
1392 조선
송 960
918 고려
901 후고구려
900 후백제
당 618
698 발해 건국
676 신라 삼국 통일
수 589
남북조 시대 439
5호16국 316
진 265
삼국 시대(위·촉·오) A.D 220
B.C 18 백제
B.C 37 고구려
B.C 57 신라

> ✩ 전국 시대 7개의 강대국 중에
> 진나라가 통일을 이루었고,
> 그 뒤를 바로 한나라가 이었답니다.

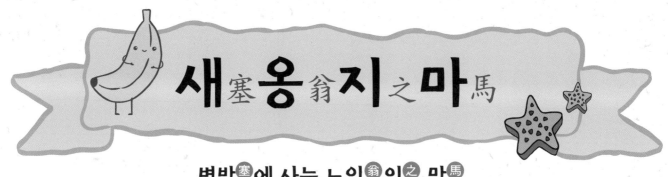

새塞옹翁지之마馬

변방塞에 사는 노인翁의之 말馬

풀이 인생의 앞날은 예측할 수 없다.

천천히 읽어 봐요

유래를 알면 더 재미있는 고사성어

중국 북쪽 변두리 마을에 사는 노인에게는 말이 한마리 있었습니다. 어느 날 노인의 말이 오랑캐 땅으로 도망 가 버리자 동네 사람들은 노인을 위로했어요. 그때 노인은 담담하게 "이것이 복이 될지 어찌 알겠소?"라고 말하지 않겠어요? 몇 달 후 그 말이 새로운 말과 짝을 지어 돌아오자 동네 사람들은 모두 축하해 주었지만, 노인은 달갑지 않게 "이것이 재앙이 될지 어찌 알겠소?"라고 말했답니다. 그러던 어느 날 노인의 아들이 말을 타다 떨어져 다리를 다치고 말았어요. 동네 사람들은 노인을 위로했지만 노인은 또 이렇게 말했지요. "이것이 복이 될지 또 어찌 알겠소?"

1년 뒤 오랑캐가 쳐들어와서 젊은이들은 모두 전장으로 나가 싸우다 열에 아홉은 죽었지만, 노인의 아들은 다리를 절어 전장에 못 나갔기 때문에 무사할 수 있었답니다.

어떤 한자가 쓰였을까요?

塞
변방 새

翁
늙은이 옹

之
갈 지

馬
말 마

66

또박또박
따라 써요!

塞翁之馬 새옹지마

塞	翁	之	馬		새	옹	지	마
塞	翁	之	馬		새	옹	지	마

뜻 쓰기

인생의 앞날은 예측할 수 없다.

똑똑한
나 처럼~

이럴 때~
새塞옹翁지之마馬

사람의 일은 **새옹지마**라고 단짝 친구와 다른 반이 되어서 슬펐는데,
새로운 반에서 새로운 단짝 친구를 사귀게 되었어요.

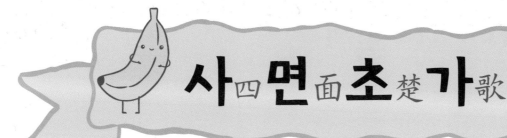

사四면面초楚가歌

사면四面에서 들려오는 초나라楚의 노랫소리歌

풀이 사방이 적에게 둘러싸여, 그 누구의 도움도 받을 수 없는 상황

유래를 알면 더 재미있는 고사성어

초나라의 왕 항우와 한나라의 왕 유방은 진시황을 쓰러뜨린 후 중국 천하를 차지하기 위해 전쟁을 하였답니다. 처음에는 항우가 이기고 있었으나 자만에 빠진 항우는 유방의 군사에 밀리기 시작했어요. 결국, 하해라는 곳에서 완전히 포위당하게 되었지요. 포위당한 항우의 군사들은 사기가 떨어질 대로 떨어졌답니다. 그런데 밤만 되면 사방에서 초나라 노래가 들려오지 않겠어요? 초나라 군사들은 그 노래를 들으며 고향 생각에 밤마다 눈물을 흘렸답니다.

그런데 밤마다 초나라의 노래를 부른 것은 다름 아닌 유방의 군사들이었지요. 한나라의 심리전에 넘어가 전쟁에서 패배한 항우는 스스로 목숨을 끊고 말았답니다.

어떤 한자가 쓰였을까요?

四

넷 **사**

面

얼굴 **면**

楚

초나라 **초**

歌

노래 **가**

또박또박
따라 써요!

四面楚歌 사면초가

四	面	楚	歌		사	면	초	가
四	面	楚	歌		사	면	초	가

뜻 쓰기

사방이 적에게 둘러싸여, 그 누구의 도움도 받을 수 없는 상황

똑똑한
나 처럼~

이럴 때~
사四면面초楚가歌

엄마의 화장품도 쏟고, 아빠의 휴대전화기도
물에 빠뜨린 나는 **사면초가**에 빠졌어요.

등登용龍문門

용문龍門에 오름登

풀이 출세할 수 있는 관문

천천히 읽어 봐요

유래를 알면 더 재미있는 고사성어

황화의 상류에 용문이라는 곳이 있었어요. 그곳의 물살이 어찌나 센지 이 용문을 거슬러 오르는 물고기는 용이 된다는 전설까지 있었지요.

후한 말 때 정의롭고 실력이 뛰어난 이응이라는 사람이 있었답니다. 그런데 어찌 된 일인지 이응에게 인정받은 사람들은 모두 크게 출세하였어요. 그래서 이응에게 인정만 받으면 출세의 문이 활짝 열린 것과 다름없었지요. 마치 물고기가 용문을 거슬러 오르는 것처럼 말이에요.

 어떤 한자가 쓰였을까요?

登

오를 등

龍

용 룡

門

문 문

70

또박또박
따라 써요!

登龍門 등용문

登	龍	門
登	龍	門

등	용	문
등	용	문

뜻 쓰기

출세할 수 있는 관문

똑똑한
나 처럼~

이럴 때~
등登용龍문門

신인가수의 **등용문**으로 자리매김했던 '대학가요제'가
다양한 오디션 프로그램의 등장으로 폐지되고 말았습니다.

문門전前성成시市

문門 앞前에 시장市이 서다成

풀이 많은 사람으로 붐빈다.

천천히
읽어 봐요

유래를 알면 더 재미있는 고사성어

후한 시대의 애제라는 왕은 정치는 외척에게 맡겨두고 술과 놀이에 빠져 지냈어요. 이를 걱정한 충신이 임금에게 정치를 보살펴야 한다고 간청하였지만, 임금은 나쁜 버릇을 고치기는커녕 오히려 간신들의 모함만 믿고 충신을 잡아들여 호통을 쳤어요.

"네놈 집 문 앞에 시장이 설만큼 아첨하는 무리로 들끓는다는데 사실이렷다?"

이에 충신은 차분한 목소리로 대답했지요.

"신의 집 앞에는 아첨하려는 사람들이 구름처럼 모여들지만, 신의 맑은 마음은 변하지 않았습니다." 그러나 애재는 충신의 말을 믿지 않고 옥에 가두었고 안타깝게도 충신은 옥에서 죽고 말았답니다.

어떤 한자가 쓰였을까요?

門
문 **문**

前
앞 **전**

成
이룰 **성**

市
시장 **시**

따라 쓰며 익혀요

또박또박 따라 써요!

門前成市 문전성시

門	前	成	市	문	전	성	시
門	前	成	市	문	전	성	시

뜻 쓰기

많은 사람으로 붐빈다.

똑똑한 나 처럼~

이럴 때~
문門 전前 성成 시市

경포대 벚꽃축제는 관광객들로 **문전성시**를 이루며
전국 제일의 관광명소로 거듭나고 있습니다.

다多다多익益선善

많으면多 많을수록多 더욱益 좋다善

풀이 많으면 많을수록 좋다.

천천히
읽어 봐요

유래를 알면 더 재미있는 고사성어

한나라의 뛰어난 장군 한신을 늘 경계하던 유방은 어느 날 한신에게 물었어요.

"나는 얼마나 많은 군대의 장수가 될 수 있겠는가?"

"폐하께서는 한 10만 명쯤 거느리실 수 있는 장수가 되실 것 같습니다."

"그렇다면 그대는 어느 정도의 군사를 거느릴 수 있겠는가?"

"저는 많으면 많을수록 더욱 좋다고 생각합니다."

이 말에 기분이 상한 유방은 "그대가 그렇게 많은 군사를 거느릴 수 있는 능력이 있다면, 어찌하여 나의 신하 노릇을 하고 있는가?"라고 다시 물었어요. 이에 한신은 "저는 군사를 직접 거느리는 능력이 뛰어나지만, 폐하께서는 장군을 거느리시는 능력이 뛰어나시기 때문에 많은 장군을 거느리고 계시는 것입니다."라고 대답했답니다.

어떤 한자가 쓰였을까요?

많을 **다**

많을 **다**

더할 **익**

좋을 **선**

따라 쓰며 익혀요

多多益善 다다익선

多	多	益	善

다	다	익	선

多	多	益	善

다	다	익	선

뜻 쓰기

많으면 많을수록 좋다.

이럴 때~
다多다多익益선善

건강해지기 위해서 과일과 채소를
먹는 일은 **다다익선**이래요.

배背 수水 진陣

물水을 등지고背 진陣을 친다

풀이 어떤 일에 죽을 각오로 임하는 것

천천히
읽어 봐요

유래를 알면 더 재미있는 고사성어

1만 명의 군사만을 이끌고 조나라를 공격한 한나라의 장군 한신은 강을 등지고 진을 쳤답니다. 반면 조나라는 군사를 20만 명이나 동원하여 성을 쌓아 방어했지요. 한신이 군사를 이끌고 조나라 군대를 향해 달려가자 조나라 군사들은 성 밖으로 나와 맞섰답니다. 그러자 한신은 후퇴 명령을 내렸고 강가에 진을 쳤던 곳까지 후퇴하게 되었어요. 더 물러서다간 물에 빠져 죽게 된 한나라 군사들은 싸우다 죽든지 강물에 빠져 죽든 어차피 죽는 건 마찬가지라고 생각하며 죽을힘을 다해 전투에 임하였지요. 죽을 각오로 싸우는 한나라 군사들에게 지친 조나라 군사들은 성으로 도망치고 말았답니다. 물을 등지고 죽을 각오로 싸운 한신이 승리하게 된 것이지요.

어떤 한자가 쓰였을까요?

背
등 배

水
물 수

陣
진칠 진

背水陣 배수진

背	水	陣
背	水	陣

배	수	진
배	수	진

뜻 쓰기

어떤 일에 죽을 각오로 임하는 것

이럴 때~
배背수水진陣

대한민국 여자 축구 대표팀은 16강을
목표로 **배수진**을 쳤습니다.

오五리里무霧중中

사방 5리五里가 안개霧에 덮였다中

풀이 어떤 문제의 방향이나 갈피를 잡을 수 없는 상황

천천히 읽어 봐요

유래를 알면 더 재미있는 고사성어

1리(里)는 옛날에 거리를 재던 단위로 지금의 400m 정도의 길이랍니다.

후한의 순제 시대에 장해라는 선비가 있었다고 해요. 그는 학문이 깊고 도술까지 잘해서 따르는 제자만 해도 100명이 넘었지요.

임금인 순제는 그를 장관으로 삼고 싶어 여러 사람들을 보내 장해를 설득했답니다. 그러나 정치에 나가는 것을 싫어한 장해는 고향으로 돌아가 숨어 버렸어요.

장해는 세상에 나오지 않고 학문에만 힘썼지만, 사람들은 계속해서 그를 찾아왔어요. 이에 장해는 도술로 자신의 집 사방 5리를 안개로 덮어버렸답니다. 아무도 찾아오지 못하게 말이에요.

어떤 한자가 쓰였을까요?

五
다섯 오

里
마을 리

霧
안개 무

中
가운데 중

78

따라 쓰며 익혀요

또박또박
따라 써요!

五里霧中 오리무중

五	里	霧	中
五	里	霧	中

오	리	무	중
오	리	무	중

뜻 쓰기

어떤 문제의 방향이나 갈피를 잡을 수 없는 상황

똑똑한
나 처럼~

이럴 때~
오五리里무무霧중中

지난주에 물류창고에 불을 내고 숨어 버린
물류업체 직원의 행방이 5일째 **오리무중**입니다.

79

조槽 강糠 지之 처妻

지게미槽와 쌀겨糠로 끼니를 이어가며之 고생한 아내妻

풀이 결혼해서 고생을 함께한 아내

천천히
읽어 봐요

유래를 알면 더 재미있는 고사성어

후한의 임금 광무제에게는 일찍이 과부가 되어 쓸쓸히 지내는 여동생이 있었어요. 임금은 홀로 지내는 누이가 안타까워 누이에게 다시 결혼할 생각이 있는지 넌지시 물었지요. 그러자 누이는 송홍 같은 사람이면 다시 시집을 가고 싶다고 말하지 않겠어요? 누이의 말을 듣고 광무제는 송홍을 불러 물었어요.

"옛 말에 사람이 지위가 높아지면 친구를 바꾸고 집이 부유해지면 아내를 바꾼다고 하던데, 그대는 어떻게 생각하시오?"

그러자 이미 아내가 있는 송홍은 "신은 가난할 때 사귀었던 친구는 잊어서는 안 되고, 지게미와 쌀겨를 먹으며 고생한 아내는 집에서 내보내지 않는다고 들었습니다."라고 말하며 공주의 남편이 되기를 거절했답니다.

어떤 한자가 쓰였을까요?

지게미 **조**   쌀겨 **강**   어조사 **지**   아내 **처**

또박또박
따라 써요!

糟糠之妻 조강지처

糟	糠	之	妻
糟	糠	之	妻

조	강	지	처
조	강	지	처

뜻 쓰기

결혼해서 고생을 함께한 아내

똑똑한
나 처럼~

이럴 때~
조糟 강糠 지之 처妻

아빠는 15년 동안 타신 차를
조강지처 같은 고마운 차라고 말씀하세요.

난難형兄난難제弟

형兄이 낫다고 하기도 어렵고難 동생弟이 낫다 하기도 어렵다難

풀이 실력이 비슷하여 우열을 가리기 어렵다.

천천히 읽어 봐요

유래를 알면 더 재미있는 고사성어

후한 말 영천의 허 지방에 진식이라는 선비가 살고 있었어요. 그는 매우 검소한 성품과 높은 덕망으로 유명했지요. 그에게는 기와 담이라는 두 아들이 있었는데 아버지의 성품을 닮아 어려서부터 배우기를 좋아하고 매사에 현명했답니다. 어른이 된 기와 담에게는 각각 장문과 충이라는 아들이 있었는데 둘은 서로 자기 아버지가 더 훌륭하다고 자주 다투었어요. 그러던 어느 날, 도무지 결말이 나지 않자 할아버지를 찾아가 여쭤보기로 했지요. 할아버지께서는 "형이 낫다고 하기도 어렵고 아우가 낫다고 하기도 어렵구나."라고 하셨어요. 그제야 두 손자는 할아버지의 말씀에 만족하며 물러났답니다.

어떤 한자가 쓰였을까요?

어려울 **난**

형 **형**

어려울 **난**

아우 **제**

82

또박또박
따라 써요!

難兄難弟 난형난제

難	兄	難	弟
難	兄	難	弟

난	형	난	제
난	형	난	제

뜻 쓰기

실력이 비슷하여 우열을 가리기 어렵다.

이럴 때~
난難 형兄 난難 제弟

똑똑한
나 처럼~

김씨 집안의 형제들은 어려운 사람들에게 기부하고 봉사하는
활동을 펼치고 있습니다. 일도 열심히 하고 봉사도 열심히 하는 형제들을 보며
사람들은 난형난제라 칭찬하였답니다.

한나라 말기, 영웅들의 이야기
「삼국지」의 고사성어

중국 역사가 한 눈에 보여요

정치가 매우 불안했던 한나라 말기에 자연재해까지 심했대요.

먹고 살기 힘들어진 농민들은 누런 두건을 쓰고 반란을 일으켰지요. 이를 '황건적의 난'이라고 한답니다. '황건적의 난'으로 혼란해진 틈을 타고 조조, 손권, 유비가 각각 세력을 키웠는데, 이 세 영웅이 천하를 차지하기 위해 서로 다투는 이야기를 쓴 책이 바로 「삼국지」에요. 「삼국지」의 원래 이름은 「삼국지연의」랍니다.

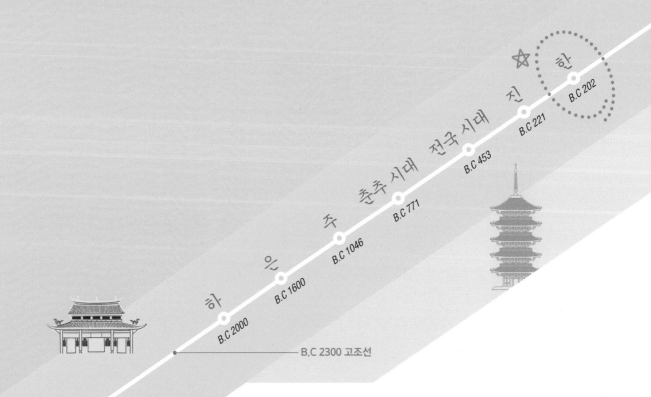

하 · B.C 2000
은 · B.C 1600
주 · B.C 1046
춘추 시대 · B.C 771
전국 시대 · B.C 453
진 · B.C 221
한 · B.C 202

B.C 2300 고조선

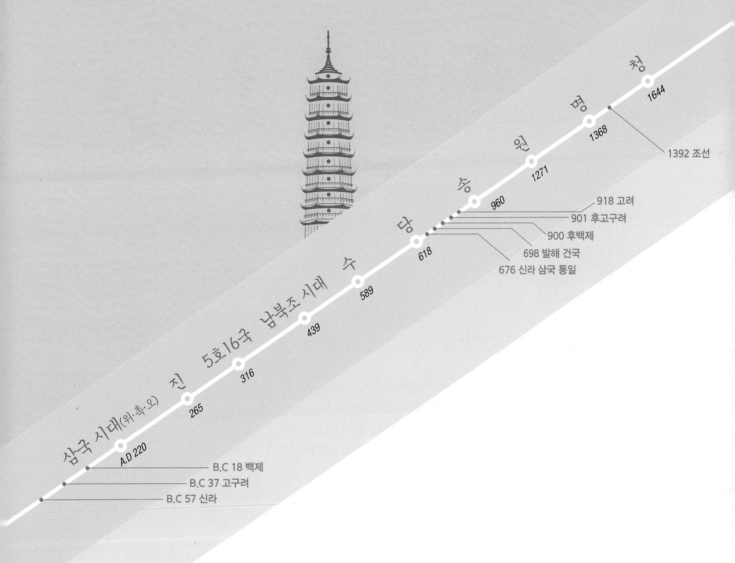

삼국 시대(위·촉·오)

진

5호16국

남북조 시대

수

당

송

원

명

청

A.D 220

265

316

439

589

618

960

1271

1368

1644

B.C 18 백제

B.C 37 고구려

B.C 57 신라

1392 조선

918 고려

901 후고구려

900 후백제

698 발해 건국

676 신라 삼국 통일

☆ 한나라 말기, 조조, 손권, 유비가
천하를 차지하려고 다투던 시기의
이야기인 「삼국지」에서 유래한
고사성어를 알아보아요.

죽竹마馬고故우友

대나무竹 말馬을 함께 타고 놀던 옛故 친구友

풀이 어렸을 때 함께 놀던 친구

천천히 읽어 봐요

유래를 알면 더 재미있는 고사성어

간문제는 진나라의 12대 황제랍니다. 그에게는 촉나라를 무찌르고 돌아온 환온이라는 신하가 있었어요. 환온의 세력이 커지는 것을 두려워한 황제는 환온을 견제하려고 환온의 소꿉친구인 은호를 불러들여 큰 벼슬을 주었지요. 얼마 후 은호는 많은 군사를 이끌고 전쟁에 나가 크게 패하고 돌아왔어요. 환온은 돌아온 은호를 변방으로 쫓으며 이렇게 말했어요. "은호와 나는 어릴 때 대나무로 만든 말을 타고 함께 놀았지. 내가 타다 던진 말을 은호가 주워서 타곤 했지. 그러니 은호가 내 명령에 따르는 건 당연한 일이야." 시간이 지나 환온은 마음이 변하여 은호에게 벼슬을 주려고 편지를 썼지요. 편지를 받은 은호는 승낙한다는 답장을 부쳤지만, 실수로 빈 봉투만 보내지 않았겠어요? 안타깝게도 두 사람은 끝내 화해하지 못했답니다.

어떤 한자가 쓰였을까요?

竹

대 죽

馬

말 마

故

옛 고

友

벗 우

86

따라 쓰며 익혀요

또박또박
따라 써요!

竹馬故友 죽마고우

竹	馬	故	友
竹	馬	故	友

죽	마	고	우
죽	마	고	우

뜻 쓰기

어렸을 때 함께 놀던 친구

똑똑한
나 처럼~

이럴 때~
죽竹마馬고故우友

이번 전국 장애학생 체육대회에서 우승을 거둔 제주도
야구팀 선수들은 오랫동안 함께해 온 **죽마고우**들입니다.

87

계鷄륵肋

닭鷄의 갈빗대肋

풀이 크게 쓸모는 없지만 버리기에는 아까운 것

유래를 알면 더 재미있는 고사성어

위나라의 조조는 한중 땅을 차지하기 위해 촉나라 유비와 전쟁을 하고 있었어요. 그런데 막상 한중에 도착해 보니 지리적 조건이 나빴고 군사들도 이미 지칠 대로 지쳐 있었지요. 그날 밤 조조가 저녁을 먹고 있는데 부하가 들어와 오늘 밤의 암호를 물었답니다. 저녁 밥상에 오른 닭고기를 쳐다보던 조조는 "오늘의 암호는 계륵(닭갈비)으로 하라."라고 말했어요. 이 말을 듣고 조조의 부하 양수는 병사들에게 철수를 준비하라고 말하였어요. 다른 사람들이 영문을 몰라 그 이유를 물으니 "닭의 갈비뼈란 살코기가 없어 먹기에는 맛이 없고 버리기에는 아까운 것입니다. 왕은 지금 이 땅을 계륵이라 여기고 있으니 철수할 것이라는 생각이 드는군요."라고 대답했어요.

얼마 후 조조는 정말 철수 명령을 내렸다고 해요.

어떤 한자가 쓰였을까요?

닭 계

갈빗대 륵

따라 쓰며 익혀요

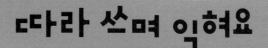

또박또박
따라 써요!

鷄肋 계륵

鷄	肋	鷄	肋	계	륵	계	륵
鷄	肋	鷄	肋	계	륵	계	륵

뜻 쓰기

크게 쓸모는 없지만 버리기에는 아까운 것

똑똑한
나처럼~

이럴 때~
계鷄륵肋

10원짜리 동전 하나를 만드는 데는 40원이나 들지만,
요즘엔 사람들이 10원짜리 동전을 잘 사용하지 않습니다.
그래서 10원짜리 동전은 **계륵**이 되어 버렸습니다.

89

괄刮목目상相대對

눈目을 비비고刮 서로相를 대한다對

풀이 다른 사람의 학식이나 재주가 크게 향상되어 놀람

천천히
읽어 봐요

유래를 알면 더 재미있는 고사성어

중국 오나라 손권의 부하 중에 여몽이라는 장수가 있었어요. 여몽은 매우 용감하고 전쟁에서 큰 공을 세워 장군까지 되었으나 책을 전혀 읽지 않아 무식했대요.

손권은 여몽에게 책을 열심히 읽어 전쟁에 필요한 병법까지 알게 되면 더욱 훌륭한 장수가 될 수 있다고 충고했어요. 그날부터 여몽은 열심히 책을 읽고 공부했답니다. 얼마 후 여몽의 오랜 친구인 노숙이 여몽을 찾아와 이야기를 나누다 깜짝 놀랐어요.

"내가 알던 여몽이 아닌 것 같군. 언제 이렇게 공부를 했나?"

그러자 여몽이 이렇게 답했지요.

"선비란 헤어진 지 3일 만에 만나면 눈을 비비고 다시 볼 만큼 달라져 있어야 하는 법이라네."

어떤 한자가 쓰였을까요?

刮

비빌 **괄**

目

눈 **목**

相

서로 **상**

對

대할 **대**

따라 쓰며 익혀요

또박또박
따라 써요!

刮目相對 괄목상대

刮	目	相	對	괄	목	상	대
刮	目	相	對	괄	목	상	대

뜻 쓰기

다른 사람의 학식이나 재주가 크게 향상되어 놀람

똑똑한
나 처럼~

이럴 때~
괄刮목目상相대對

부모님께서는 **괄목상대**한 형의 실력에
칭찬을 아끼지 않으셨어요.

백白미眉

흰白 눈썹眉

풀이> 여럿 중에서 가장 뛰어난 사람이나 물건

유래를 알면 더 재미있는 고사성어

촉나라 유비에게는 마량이라는 뛰어난 부하가 있었지요. 마량의 형제들은 모두 재주가 뛰어나 사람들 사이에 '마씨 오 형제'는 매우 유명했답니다.

그런데 사람들이 말하기를 "마씨 오 형제는 모두 훌륭하지만, 그중에서도 흰 눈썹이 가장 훌륭하다."라고 했대요.

'흰 눈썹'이란 마량의 별명인데 어릴 때부터 눈썹에 흰 털이 섞여 있어서 사람들은 그를 '백미'라고 불렀답니다. 그 후로 많은 사람 중에 가장 뛰어난 사람, 가장 뛰어난 작품을 이야기할 때 '백미'라 부르게 되었답니다.

어떤 한자가 쓰였을까요?

흰 **백**

눈썹 **미**

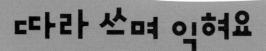

따라 쓰며 익혀요

白眉 백미

白	眉	白	眉	백	미	백	미
白	眉	白	眉	백	미	백	미

뜻 쓰기

여럿 중에서 가장 뛰어난 사람이나 물건

이럴 때~
백白미眉

제주도 올레길 코스의 **백미**는 바닷물과 민물이 합쳐지는
아름다운 경치를 볼 수 있는 쇠소깍이다.

삼三고顧초草려廬

지붕을 풀草로 만든 오두막집廬을 세三 번 찾아간다顧

풀이 인재를 얻기 위해 노력을 아끼지 않는다.

천천히 읽어 봐요

유래를 알면 더 재미있는 고사성어

후한 말, 유비에게는 정치적으로나 군사적으로 자신을 도와줄 사람이 필요했어요. 그러던 어느 날 서서라는 사람이 찾아와 유비에게 제갈공명을 추천했지요. 서서의 말을 들은 유비는 말을 타고도 하루가 꼬박 걸릴 만큼 먼 곳에 있는 제갈공명의 초가집을 찾아갔지만, 제갈공명을 만날 수 없었어요. 정치에 뜻이 없었던 제갈공명은 일부러 피했던 거지요. 한겨울 추운 바람을 맞으며 먼 길을 걸어 두 번째 찾아갔을 때도 제갈공명을 만날 수는 없었답니다. 같이 갔던 관우와 장비는 제갈공명이 유비를 골탕먹이려는 것 같아 화를 내었어요. 그러나 유비는 훌륭한 인재를 얻는 데 이만한 수고는 해야 하지 않겠느냐며 초가집을 세 번째 찾아갔고 드디어 제갈공명을 만나게 되었답니다. 유비의 정성에 감동한 제갈공명은 유비를 도와 나라에 큰 공을 세우게 되었지요.

어떤 한자가 쓰였을까요?

三

셋 **삼**

顧

돌아볼 **고**

草

풀 **초**

廬

오두막집 **려**

94

또박또박
따라 써요!

三顧草廬 삼고초려

三	顧	草	廬		삼	고	초	려
三	顧	草	廬		삼	고	초	려

뜻 쓰기

인재를 얻기 위해 노력을 아끼지 않는다.

이럴 때~
삼三고顧초草려廬

똑똑한
나처럼~

그 영화감독은 훌륭한 배우에게 **삼고초려**하여
영화를 함께 하기로 설득했습니다.

상桑전田벽碧해海

뽕나무桑 밭田이 푸른碧 바다海가 된다

풀이 세상이 몰라볼 정도로 크게 변한 것

유래를 알면 더 재미있는 고사성어

채경이란 귀족이 신선 왕방평과 선녀 마고를 집으로 초대했답니다. 마고를 본 사람들은 그 아름다움에 넋을 잃었지요.

맛있는 음식을 먹으면서 이런저런 재밌는 얘기도 주고받던 차에 마고는 이런 말을 했답니다.

"저는 신을 섬기고부터 지금까지 뽕나무 밭이 세 번이나 푸른 바다로 변하는 것을 보았어요. 그뿐만 아니라 이제는 바다도 얕아져서 육지가 되려 하고 있답니다. 세상의 변화가 참 빠른 것 같네요."

이 말을 들은 사람들은 아름다운 마고의 나이가 도대체 몇 살이기에 저런 말을 하는지 놀랍고 궁금해서 입을 다물지 못했다고 합니다.

어떤 한자가 쓰였을까요?

뽕나무 **상**

밭 **전**

푸를 **벽**

바다 **해**

또박또박
따라 써요!

桑田碧海 상전벽해

桑	田	碧	海	상	전	벽	해
桑	田	碧	海	상	전	벽	해

뜻 쓰기

세상이 몰라볼 정도로 크게 변한 것

똑똑한
나 처럼~

이럴 때~

상桑전田벽碧해海

우리 도시는 10년 만에 인구와 주택 수가 세 배로 늘면서
상전벽해의 변화를 만들어 가고 있습니다.

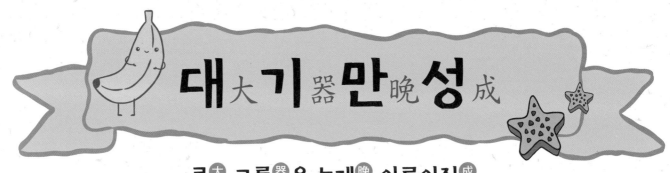

대大기器만晩성成

큰大 그릇器은 늦게晩 이루어짐成

풀이 큰 인물이 될 사람은 오랜 시간 끊임없는 노력으로 이루어진다.

천천히 읽어 봐요

유래를 알면 더 재미있는 고사성어

중국의 삼국 시대 때 위나라에 최염이라는 장수가 있었어요. 외모면 외모, 체격이면 체격 뭐하나 나무랄 데 없이 뛰어난 최염에게는 최림이라는 사촌 동생이 있었는데, 최염과는 달리 외모도 별로인데다 말솜씨도 부족해서 출세와는 거리가 멀어 보였답니다. 그러나 일찍이 최림의 인물됨을 알아 본 최염은 주변 사람들에게 이렇게 말했지요.

"큰 종이나 솥은 쉽게 만들어지는 게 아니네. 사람도 마찬가지로 크게 될 사람은 성공하기까지 많은 시간이 걸리는 법이지. 내 아우 최림도 그렇다네."

최림은 최염의 말대로 높은 지위에 올라 왕을 보좌하는 삼공 가운데 한 사람이 되었답니다.

어떤 한자가 쓰였을까요?

큰 대

그릇 기

늦을 만

이룰 성

따라 쓰며 익혀요

또박또박
따라 써요!

大器晚成 대기만성

大	器	晚	成
大	器	晚	成

대	기	만	성
대	기	만	성

뜻 쓰기

큰 인물이 될 사람은 오랜 시간 끊임없는 노력으로 이루어진다.

이럴 때~
대大기器만晚성成

똑똑한
나 처럼~

그 배우는 어린 나이에 데뷔했어요. 그런데 마흔이 넘은 나이에 큰 인기를 얻기 시작했으니 그야말로 **대기만성**형 스타이지요.

99

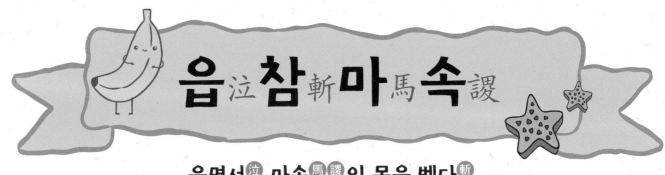

읍泣참斬마馬속謖

울면서泣 마속馬謖의 목을 벤다斬

풀이 법의 집행에는 예외가 있어서는 안 된다.

천천히
읽어 봐요

유래를 알면 더 재미있는 고사성어

마속은 촉나라 제갈량의 총애를 받던 부하랍니다.

어느 날 그가 가정 지역의 책임자로 보내달라고 하자 유비는 탐탁지 않게 생각했어요. 그러자 마속은 "만약 제가 가정 지역을 지키지 못 한다면 제 목숨을 내 놓지요."라고 큰소리치며 각서까지 썼답니다.

이를 걱정한 제갈량은 마속이 가정 지역을 잘 지킬 수 있도록 지원을 아끼지 않고 방법까지 알려주었지요. 그러나 자기가 최고라고 생각한 어리석은 마속은 제갈량의 충고를 무시하고 자기 마음대로 작전을 행하다 큰 실패를 하고 말았대요. 결국 제갈량은 촉나라 군대의 법을 지키기 위해 울면서 아끼는 부하 마속의 목을 벨 수밖에 없었지요.

어떤 한자가 쓰였을까요?

泣
울 **읍**

斬
벨 **참**

馬
말 **마**

謖
일어날 **속**

또박또박
따라 써요!

泣斬馬謖 읍참마속

泣	斬	馬	謖
泣	斬	馬	謖

읍	참	마	속
읍	참	마	속

뜻 쓰기

법의 집행에는 예외가 있어서는 안 된다.

똑똑한
나처럼~

이럴 때~
읍泣참斬마馬속謖

올림픽 대표팀 감독님은 지난 경기에서 역할을 다하지 못한 선수를 **읍참마속**의 심정으로 대표팀에서 제외했습니다.

점漸입入가佳경境

점점漸 아름다운佳 땅의 경계境에 들어간다入

풀이 어떤 일이 점점 흥미로워짐

천천히 읽어 봐요

유래를 알면 더 재미있는 고사성어

여러분들은 점심시간에 급식을 먹을 때 좋아하는 반찬부터 먹나요, 아니면 싫어하는 반찬부터 먹나요?

중국의 동진 시대에 고개지라는 사람이 있었답니다. 그는 사탕수수를 즐겨 먹었는데, 굵은 줄기를 마다하고 늘 가는 줄기부터 씹는 버릇이 있었대요. 이상하게 생각한 친구들이 왜 더 달콤한 굵은 줄기부터 먹지 않느냐고 묻자 고개지는 "그야 간단하지. 가는 줄기를 먹고 굵은 줄기를 먹으면 점점 갈수록 단맛이 더해지기 때문이라네."라고 대답했어요.

이때부터 점입가경은 경치나 일의 상황이 점점 갈수록 재미있게 전개되는 것을 뜻하게 되었답니다.

어떤 한자가 쓰였을까요?

漸

점점 **점**

入

들 **입**

佳

아름다울 **가**

境

장소 **경**

 따라 쓰며 익혀요

또박또박
따라 써요!

漸入佳境 점입가경

漸	入	佳	境		점	입	가	경
漸	入	佳	境		점	입	가	경

 뜻 쓰기

어떤 일이 점점 흥미로워짐

이럴 때~
점漸입入가佳경境

똑똑한
나 처럼~

설악산은 안으로 깊이 들어갈수록 그 멋이 **점입가경**이다.

103

파破죽竹지之세勢

대나무竹를 쪼개破는之 기세勢

풀이 세력이 강대해서 거침없이 물리치고 쳐들어가는 모양

천천히 읽어 봐요

유래를 알면 더 재미있는 고사성어

진나라가 천하를 통일하기 위해 오나라를 공격할 때 장군 두예가 큰 활약을 했어요. 오나라 수도의 정복을 앞둔 두예는 장수들과 작전 회의를 열었지요. 그 때 한 장수가 말했어요. "이제 비가 자주 내리는 시기가 다가오는데, 그러면 전염병도 돌것이고, 차라리 일단 철수했다가 돌아오는 겨울에 다시 공격하는 것이 좋을 듯합니다." 그러자 두예가 대답했어요. "아니오. 지금 우리 군대는 승리의 기운을 타고 있소. 이것은 마치 대나무를 쪼개는 기세와 같지. 대나무는 처음 가르기는 힘들지만 일단 두세 마디만 쪼개면 나머지는 저절로 쪼개지니 이 기회를 놓치면 안 될 것이오."

대나무가 결을 따라 저절로 쪼개지듯이 두예는 기세를 몰아 오나라로 쳐들어갔고, 마침내 오나라의 항복을 받았답니다.

어떤 한자가 쓰였을까요?

깨뜨릴 **파**

대나무 **죽**

어조사 **지**

기세 **세**

破竹之勢 파죽지세

破	竹	之	勢		파	죽	지	세
破	竹	之	勢		파	죽	지	세

뜻 쓰기

세력이 강대해서 거침없이 물리치고 쳐들어가는 모양

이럴 때~
파破죽竹지之세勢

똑똑한
나 처럼~

대한민국 축구 대표팀은 이번 월드컵에서
파죽지세로 4강에 진출했습니다.

삼국 시대 (위·촉·오)
고사성어

중국 역사가
한 눈에 보여요

삼국 시대의 위·촉·오는 사마염이 세운 진(晉)에 의해 통일되었지만

오래가지 못하고 5호 16국 시대를 거쳐 남북조 시대라는 분열기로 접어들게 된답니다.

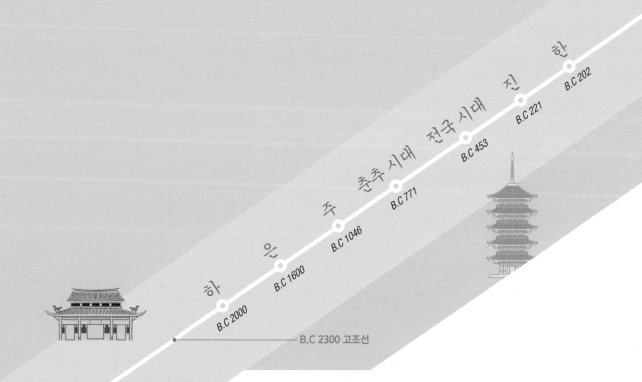

하
B.C 2000

은
B.C 1600

주
B.C 1046

춘추 시대
B.C 771

전국 시대
B.C 453

진
B.C 221

한
B.C 202

B.C 2300 고조선

이후의

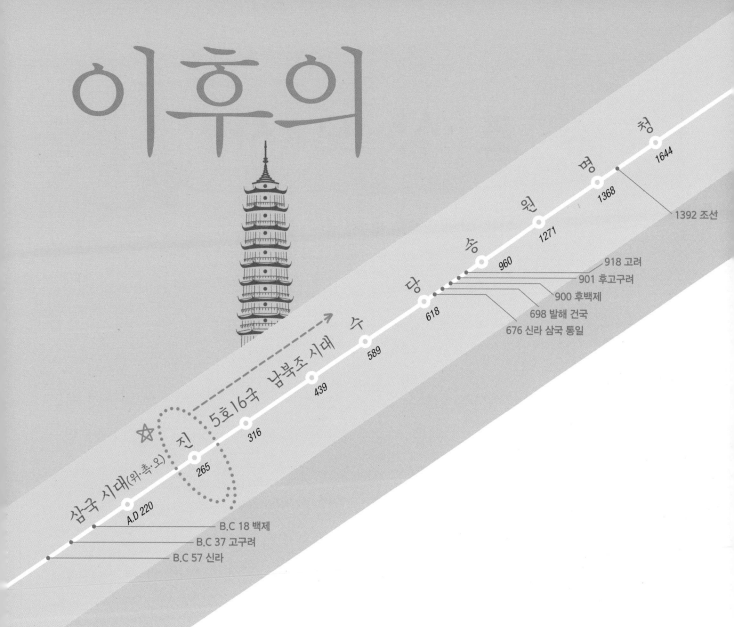

삼국 시대(위·촉·오) A.D 220

B.C 18 백제
B.C 37 고구려
B.C 57 신라

진 265

5호16국 316

남북조 시대 439

수 589

당 618

676 신라 삼국 통일
698 발해 건국
900 후백제
901 후고구려
918 고려

송 960

원 1271

명 1368

1392 조선

청 1644

"
☆위·촉·오나라의 삼국 시대를 거쳐
통일된 진나라 이후의
고사성어를 알아보아요.
"

조朝삼三모暮사四

아침朝에 세三 개 저녁暮에 네四 개

풀이 당장의 이익에 눈이 멀어 그 결과가 같음을 모르는 어리석음

천천히 읽어 봐요

유래를 알면 더 재미있는 고사성어

송나라의 저공은 원숭이를 기르는 사람이었어요. 저공은 원숭이들을 지극히 사랑하여 늘 함께 시간을 보냈고 원숭이들도 저공을 무척이나 따랐답니다. 그러나 원숭이들의 먹이를 대는 일이 갈수록 힘들어져서 원숭이들에게 "앞으로는 도토리를 아침에 세 개, 저녁에 네 개를 주려는데 어때?"라고 물어보았어요. 원숭이들은 아침에 너무 적게 먹게 된 것이 속상해서 화를 내며 불만을 표했답니다.

그러자 저공은 이번에는 이렇게 질문했어요. "그럼 아침에 도토리 네 개, 저녁에 세 개로 하면 어떨까?" 그러자 원숭이들은 손뼉을 치며 기뻐하였답니다.

어떤 한자가 쓰였을까요?

아침 조

셋 삼

저물 모

넷 사

108

또박또박
따라 써요!

朝三暮四 조삼모사

朝	三	暮	四	조	삼	모	사
朝	三	暮	四	조	삼	모	사

뜻 쓰기

당장의 이익에 눈이 멀어 그 결과가 같음을 모르는 어리석음

이럴 때~
조朝삼三모暮사四

똑똑한
나 처럼~

친구들은 여름방학이 늘어났다고 기뻐했지만,
겨울방학이 줄어든 것을 보니 **조삼모사**였습니다.

용龍두頭사蛇미尾

용龍의 머리頭에 뱀蛇 꼬리尾

풀이 처음엔 그럴싸하지만, 끝이 미약함

유래를 알면 더 재미있는 고사성어

중국 송나라 때 진존숙이라는 스님이 살았는데 도를 깨우치기 위해 여기저기 돌아다니며 수행을 하기 시작하였지요. 그러던 어느 날 한 스님을 만나 부처님의 말씀에 관해 이야기를 나누게 되었어요. 그런데 그 스님이 먼저 큰 소리로 호통을 치지 않겠어요? 진존숙 스님은 상대방 스님이 깊은 깨우침을 가지고 있는 분인 줄 알고 당황했지요. 그런데 이야기를 시작한 스님은 계속 호통만 치는 거예요. 그 모습을 보고 진존숙 스님이 말했어요. "스님께서 호통을 치는 모습은 마치 용의 머리처럼 그럴싸한데 마무리는 어떻게 지을 생각이신지요?" 그러자 스님은 뱀 꼬리를 감추듯 슬그머니 도망가 버렸답니다.

어떤 한자가 쓰였을까요?

龍

용 **용**

頭

머리 **두**

蛇

뱀 **사**

尾

꼬리 **미**

또박또박
따라 써요!

龍頭蛇尾 용두사미

龍	頭	蛇	尾
龍	頭	蛇	尾

용	두	사	미
용	두	사	미

뜻 쓰기

처음에는 그럴싸하지만, 끝이 미약함

똑똑한
나 처럼~

이럴 때~
용龍두頭사蛇미尾

누나는 공부를 열심히 하겠다는 새해 계획을 세웠지만,
결국 **용두사미**로 끝났다.

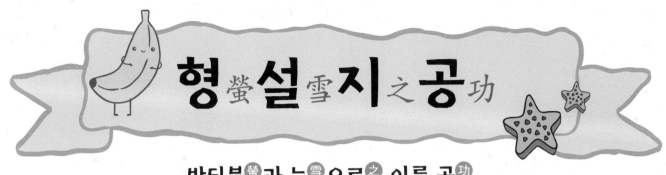

형螢설雪지之공功

반딧불螢과 눈雪으로之 이룬 공功

풀이 어려운 환경에서도 열심히 공부함

천천히 읽어 봐요

유래를 알면 더 재미있는 고사성어

진나라에 차윤이라는 사람이 있었는데 공부하는 것을 무척 좋아했대요. 너무 가난했던 차윤은 등잔불을 켤 기름을 살 수 없어서 안타깝게도 밤에는 공부하기가 어려웠답니다. 그래서 수 십 마리의 반딧불이를 주머니에 모아 그 불빛으로 밤마다 책을 읽었지요.

손강이라는 소년도 너무 가난하여 낮에는 일해야 했고, 밤엔 책을 읽고 싶었으나 등잔불을 켤 수 없었답니다. 너무나도 책을 읽고 싶었던 손강은 한겨울의 매서운 추위를 참으며 창밖으로 몸을 내밀고 쌓인 눈에 반사되는 달빛으로 책을 읽으며 공부하였지요. 차윤도 손강도 힘든 환경에 굴하지 않고 열심히 공부하여 마침내 높은 벼슬에 오르게 되었답니다.

어떤 한자가 쓰였을까요?

반딧불이 **형**

눈 **설**

어조사 **지**

공훈 **공**

또박또박
따라 써요!

螢雪之功 형설지공

螢	雪	之	功	형	설	지	공
螢	雪	之	功	형	설	지	공

뜻 쓰기

어려운 환경에서도 열심히 공부함

똑똑한
나 처럼~

이럴 때~
형螢 설雪 지之 공功

우리 삼촌은 10년 동안 **형설지공**의
노력 끝에 판사가 되셨습니다.

화畫룡龍점點정睛

용龍 그림畫에 눈동자睛를 찍는다點

풀이 가장 중요한 부분을 완성하여 마무리 짓다.

유래를 알면 더 재미있는 고사성어

양나라의 유명한 화가 장승요라는 사람은 안락사라는 절의 스님으로부터 벽에 용을 그려달라는 부탁을 받았어요. 그림을 어찌나 잘 그렸던지 그림 속의 용들은 금방이라도 하늘로 올라갈 듯 생동감이 넘쳐 마치 살아있는 용을 보는 것 같았지요. 그런데 용의 눈에는 눈동자가 그려져 있지 않았답니다. 이를 궁금하게 여긴 사람들이 그 이유를 묻자 장승요는 이렇게 대답했답니다. "눈동자를 그려 넣으면 용이 하늘로 날아가 버릴 것이기 때문에 그릴 수가 없었소." 이 말을 믿지 않은 사람들은 눈동자를 그리라고 재촉했고, 장승요가 용의 눈에 점을 찍는 순간 갑자기 천둥 번개가 치더니 용은 하늘로 치솟아 올라가 버리고 말았답니다. 안락사의 벽에는 눈동자가 없는 한 마리의 용만 남아 있었다고 합니다.

어떤 한자가 쓰였을까요?

그림 **화**

용 **룡**

점찍을 **점**

눈동자 **정**

따라 쓰며 익혀요

또박또박
따라 써요!

畫龍點睛 화룡점정

畫	龍	點	睛	화	룡	점	정
畫	龍	點	睛	화	룡	점	정

뜻 쓰기

가장 중요한 부분을 완성하여 마무리 짓다.

똑똑한
나 처럼~

이럴 때~
화畫룡龍 점點정睛

엄마가 맛있는 잡채를 요리하셨어요.
멋진 접시에 잡채를 담고 **화룡점정**으로 깨소금을 뿌리셨어요.

쾌快도刀난亂마麻

잘快 드는 칼刀로 헝클어진亂 삼베麻를 자른다

풀이 어지럽게 뒤섞인 일이나 복잡한 문제들을 명쾌하게 처리함

천천히 읽어 봐요

유래를 알면 더 재미있는 고사성어

북제에 고환이라는 사람이 하루는 아들들의 재주를 시험하고 싶었어요. 그래서 어지럽게 뒤엉킨 삼베 실 한 뭉치씩을 아들들에게 나눠 주면서 풀어 보라고 하였지요. 다른 아들들은 모두 한 올 한 올씩 뽑아내느라 진땀을 흘렸는데, 둘째 아들 고양은 칼 한 자루를 들고 와서 삼베 실을 단칼에 베어 버리는 것이었어요. 그러면서 아버지께 이렇게 말했지요.

"어지러운 것은 베어 버려야 합니다."

이 말을 들은 아버지는 고양이 장차 큰일을 할 훌륭한 인물이 될 것으로 생각했어요. 실제로 고양은 훗날 북제의 왕이 되지만 아버지의 기대와는 달리 백성들에게 사랑을 베푸는 왕은 되지 못했다는군요.

어떤 한자가 쓰였을까요?

快
쾌할 **쾌**

刀
칼 **도**

亂
어지러울 **난**

麻
삼 **마**

따라 쓰며 익혀요

快刀亂麻 쾌도난마

快	刀	亂	麻		쾌	도	난	마
快	刀	亂	麻		쾌	도	난	마

뜻 쓰기

어지럽게 뒤섞인 일이나 복잡한 문제들을 명쾌하게 처리함

이럴 때~
쾌快도刀난亂마麻

우리 교장 선생님께서는 **쾌도난마**와 같은 결단력을
가지고 학교의 어려운 문제를 해결하셨습니다.

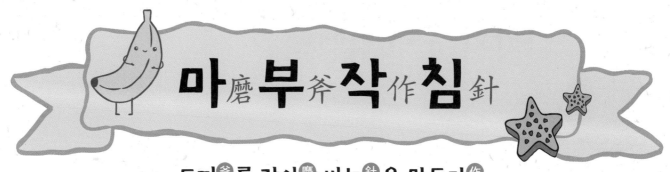

마磨부斧작作침針

도끼斧를 갈아磨 바늘針을 만든다作

풀이 아무리 어려운 일이라도 끊임없이 노력하면 성공을 거둘 수 있다.

천천히 읽어 봐요

유래를 알면 더 재미있는 고사성어

당나라 이백은 어릴 때 매우 총명했지만 공부하기는 싫어했대요. 걱정이 된 부모님은 좋은 스승님이 계신 산속으로 이백을 보냈지만 단 며칠도 참지 못하고 스승님 몰래 산을 내려와 버렸어요. 내려오는 길에 냇가에서 도끼를 갈고 있는 할머니를 보았어요.

"할머니, 도끼를 갈려면 날카로운 쪽만 갈아야죠. 이렇게 다 눕혀서 갈면 어떡해요?"

"아니다 애야, 이렇게 다 갈아야 바늘을 만들지." 도끼로 바늘을 만드신다는 할머니의 말씀을 농담으로 듣고 웃는 이백에게 할머니는 말씀하셨어요.

"도중에 그만두지만 않는다면 언젠가 도끼를 갈아 바늘을 만들 수 있단다."

할머니의 말씀에 크게 깨달은 이백은 열심히 공부했고 마침내 당나라 최고의 시인이 되었답니다.

어떤 한자가 쓰였을까요?

갈 **마**

도끼 **부**

만들 **작**

바늘 **침**

또박또박
따라 써요!

磨斧作針 마부작침

磨	斧	作	針		마	부	작	침
磨	斧	作	針		마	부	작	침

뜻 쓰기

아무리 어려운 일이라도 끊임없이 노력하면 성공을 거둘 수 있다.

이럴 때~

똑똑한
나 처럼~

마磨부斧작作침針

그 야구팀은 성적이 최하위였지만, 이번 시즌에
마부작침의 자세로 열심히 노력하여 승리를 얻어냈습니다.